图书在版编目（CIP）数据

御宇帝王／历史的囚徒著．— 青岛：青岛出版社，2024.1
（越聊越有趣的中国史）
ISBN 978-7-5736-1522-0

Ⅰ．①御… Ⅱ．①历… Ⅲ．①皇帝-列传-中国-古代 Ⅳ．①K827=2

中国国家版本馆CIP数据核字（2023）第192875号

YUE LIAO YUE YOUQU DE ZHONGGUO SHI · YUYU DIWANG

书　　名	越聊越有趣的中国史·御宇帝王
著　　者	历史的囚徒
出版发行	青岛出版社
社　　址	青岛市崂山区海尔路182号（266061）
本社网址	http://www.qdpub.com
邮购电话	0532-68068091
策　　划	杨成舜　初小燕
责任编辑	初小燕
封面设计	今亮后声·小九　白今
绘　　图	天津绘动漫设计有限责任公司
版式设计	郭子欧
印　　刷	青岛新华印刷有限公司
出版日期	2024年1月第1版　2024年1月第1次印刷
开　　本	大32开（890mm×1240mm）
印　　张	6.5
字　　数	126千
书　　号	ISBN 978-7-5736-1522-0
定　　价	49.8元

编校印装质量、盗版监督服务电话：4006532017　0532-68068050
本书建议陈列类别：历史　幽默　畅销

自序

皇帝们的精彩与无奈

❶ 说到中国历史，皇帝们是完全绕不开的群体。

大家首先想到的皇帝是谁？秦皇汉武、唐宗宋祖？

他们四位是皇帝俱乐部的佼佼者，开创了全新的局面，有的建章立制，有的完成统一，有的开疆拓土……从而使他们所在的时代，成功为后人所铭记。

他们是矛盾的个体，正因为矛盾，才真实，才有魅力和吸引力。

秦始皇统一六国，推行郡县制，统一度量衡，车同轨，书同文，很是伟大。可他同时是一个嗜杀迷信和滥用民力的人。

汉武帝文治武功都很厉害，在历史上威名赫赫，但他穷兵黩武，掏空国库，最后疑神疑鬼，众叛亲离。

唐太宗是天生的战神，沉着文雅，从谏如流，可他迷信丹药，尤其玄武门的黑历史，足够让他用一辈子来洗白。

宋太祖结束了天下混乱的局面，开启了数百年的两宋王朝，可他在黄袍加身的过程中显得有点儿假，最终也死得不明不白。

……　……

每个皇帝都是一部史书，其人生经历令人慨叹。本书选择其中很有代表性的十位进行叙述。

所谓皇帝，是指中国两千多年封建社会的最高统治者的称号。

这一称号源于上古传说中的三皇五帝。秦王嬴政统一六国之后，自认"德兼三皇，功高五帝"，决定称为"始皇帝"。从此，中国历代封建君主都称皇帝。

人的生命是有限的，皇帝们又设计了继承制度（主要是嫡长子继承制），让子孙接班，企望江山永固。

为什么很多人想登上皇位？因为皇帝权力大无边。

他独治天下，全国土地、资源、百姓、财富均为其所有，握有臣民的生杀予夺之权（"明主之所操者六：生之、杀之、富之、贫之、贵之、贱之。此六柄者，主之所操也"）。

皇帝可以要求官员们遵照自己的意志和指令办事，有更多的机会实现自己的理想。

❷ 自公元前221年秦王嬴政称始皇帝起，到1912年末代皇帝溥仪退位，在两千多年的历史长河中，中国的皇帝有几百位。

皇帝中不乏杰出人物，为社会发展与人民生活安定做出贡献，并名垂青史，所以中国的皇帝大都有一个"明君梦"。

但事实上，历史上的暴君昏君并不鲜见。甚至出现不少儿童皇帝、智障皇帝、荒诞怪癖皇帝。

一个有意思的现象是，专门为皇帝培育继承人的后宫，有时候也会走到前台。

所以，中国历史上出现了武则天、慈禧太后那样的女强人。

她们的故事，也是一大箩筐。现代影视剧，以她们为题材，百拍不厌。

在信息、交通不发达的古代，皇帝们如何把控幅员广阔的国家呢？

他们主要通过奏事、朝议、刺察等形式，全面掌握军政信息，进行日常统治。

到了清朝康熙和雍正时期，更推行一种密奏制度。

此外，历朝历代还设立了各种机构，比如明朝的特务机构东厂西厂和锦衣卫、清朝的权力机关军机处等，以协助皇帝。

总之，只要有利于巩固权力的方法，皇帝们几乎都尝试过。

根据有关统计，皇帝们的平均享年，大概是39岁多一点儿。

超过80岁的皇帝有清高宗爱新觉罗·弘历(88岁)、梁武帝萧衍(85岁)、则天大圣皇帝武曌(81岁)、宋高宗赵构(80岁)等。

没有活过10岁的娃娃皇帝有汉质帝刘缵(8岁)、元宁宗孛儿只斤·懿璘质班(6岁)、北魏幼主元钊(2岁)等。

在位时间最长的皇帝，是清圣祖爱新觉罗·玄烨（在位近62年）；在位时间最短的是金朝末代皇帝完颜承麟，登基不足1个小时就死于乱军之中。

中国历史上很多优秀的皇帝有长生不老情结，比如秦始皇、汉武帝、唐太宗等。

这很是讽刺。他们拥有无上的权威，在时间面前，却无所挽留。

❸ 因经历、际遇、个性不同，历史上出现了形形色色的皇帝和逸事。

这里举几个例子。

——武则天是中国历史上的女性顶流，也是唯一得到普遍认可的女皇帝。

——嫔妃最多的皇帝：晋武帝司马炎，后宫佳丽达1万多人。

——子女最多的皇帝：宋徽宗赵佶，儿子38个，女儿42个。

——最早做父亲的皇帝：清圣祖爱新觉罗·玄烨，初为人父时仅13岁。

——中国历史上践行一夫一妻制的皇帝，有名的是隋文帝杨坚和明孝宗朱佑樘。

——明神宗朱翊钧当了48年皇帝，却有28年不上朝，是有名的"罢工皇帝"。

皇帝们的人生，不管哪个剖面，都令人感叹：他们的故事有多精彩，就有多无奈。

2023.7.26.

目 录

秦始皇嬴政： 早年铁血，晚年糊涂　　001

汉高祖刘邦： 创业永不言晚　　021

汉武帝刘彻： 骄傲的皇帝　　041

汉光武帝刘秀： 光复汉室的老实人　　063

唐太宗李世民： 皇帝里的劳模　　083

宋太祖赵匡胤：从黄袍加身到离奇死亡　　103

宋仁宗赵祯：一个厚道的皇帝　　121

成吉思汗：世界"国土一哥"　　139

明太祖朱元璋：从和尚到皇帝　　157

康熙帝：皇帝待机第一名　　175

越聊越有趣的中国史·御宇帝王

秦始皇嬴政：
早年铁血，晚年糊涂

中国历史上有400多个皇帝，多数平庸且无趣，生于悲摧，死于挣扎。

他们只是权力的仆人、深宫里的囚鸟。

这位皇帝，堪称"皇帝一哥"。他的名片上，赫然印着3个头衔：政治家、战略家、改革家。

他的名字叫嬴政（又称赵政），生于公元前259年，卒于公元前210年，是首位完成华夏大一统的封建王朝皇帝。

他采用三皇之"皇"、五帝之"帝"，构成"皇帝"称号，是历史上第一个称皇帝的封建王朝君主。

两千多年来，他一直是历史顶流，不管是万里长城，还是秦始皇陵，都是他的代名词。

嬴政杀过不少人，他的故事在民间广泛流传，时至今日仍备受争议。

他出生和成长的时代，是一个大变革和大动荡的时代，其显著特点是各诸侯国之间激烈争战，故史称"战国时代"。

嬴政并非出生在秦国，而是生在赵国的国都邯郸。在那里，他度过了自己的少年时代。

嬴政的曾祖父秦昭襄王在位时，与赵国不时交战。在短暂的和平期，出于利益上的考虑，秦国向赵国送交质子，以示友好。在这种情况下，嬴政的父亲异人便作为质子被送往赵国。

"质子"就是人质，往往由国君的儿孙充当。后来，嬴政也成了质子。

做质子的那些年是艰苦而危险的。期间，秦国和赵国的关系持续恶化，战争越打越厉害。好几次，嬴政差点儿客死异乡。

秦始皇嬴政：早年铁血，晚年糊涂

回到秦国后,嬴政继承了父亲异人的王位,那年他只有13岁。

这位少年生得高鼻长目,有雄鹰一样宽厚的胸膛,豺狼一样低沉的声音,年纪轻轻就很令人有些畏惧了。

与同龄人相比,他身上有一种少见的冷静。后来,这种冷静逐渐变成了冷酷。

对于要统一天下的人来说,这种决绝的个性尤其重要。

优柔寡断的人,很可能豪情万丈,惊落风雨一片,但绝对不适合玩弄权术。

这种冷酷,在他登基的第二年变成了冷血。

当时秦国最有权力的人,是来自濮阳的著名富商吕不韦,人称"阳翟大贾"。

吕不韦最擅长的是投资,往往能贱买贵卖。

在嬴政的父亲异人还很落魄的时候,他就觉得"奇货可居",机会无穷。

于是,吕不韦和父亲有了一段著名而简短的对话。

父亲:"你为什么要投资嬴异人?"

> 吕不韦："您觉得耕田最多能获利多少？"
>
> 父亲："10倍左右。"
>
> 吕不韦："如果投资珠宝呢？"
>
> 父亲："100倍左右。"
>
> 吕不韦："如果投资政治，立君主、定国家，获利几何？"
>
> 父亲（瞪大眼睛）："无法计算！"
>
> …………

后来，吕不韦通过重金贿赂和三寸不烂之舌，上下其手，果然将异人扶上王位。

吕不韦还与嬴政的母亲赵姬关系非同一般，出入宫廷，就像在自己家一样。

即使是高傲冷血的少年嬴政，也不得不尊吕不韦为"仲父"。

吕不韦觉察到了嬴政的不满。他低调了，入宫也少了，并把一个叫嫪毐的假太监送入宫廷。

秦始皇亲政的最大障碍正式形成，一个是吕不韦集团，一个是嫪毐集团。

公元前238年，秦王政21岁，在雍城蕲年宫举行冠礼，亲政意味着他将直面激烈的政治斗争。

当时的嫪毐已经与赵姬有两个私生子。他知道嬴政痛恨自己,于是发动叛乱。

哪知道,嬴政早就在蕲年宫布置好3000亲兵,叛军还未出咸阳,就被打得人仰马翻,四处溃散。

嫪毐想逃到外地,很快就被抓获。

最终,嫪毐和吕不韦的命运都很悲惨。

嫪毐被车裂,尸体示众,被诛灭三族;党羽20余人皆枭首;因此事被夺爵迁徙到蜀郡的,有4000余家。

嫪毐与赵姬的两个私生子(嬴政的同母异父弟弟)被摔死。

赵姬被关进雍城的一处宫殿。

嬴政发话：敢有为太后事进谏者，戮而杀之，蒺藜其背。前来进谏的27名大臣全部被处死。

吕不韦被罢免相职后，先是被遣出都城，到河南的封地。后来，嬴政还是不放心，又将吕不韦全家迁徙到蜀郡。吕不韦感受到嬴政对他的逼迫，无奈自杀。

亲政才1年，嬴政就凭一己之力，清除了亲政的所有障碍，彻底掌握了秦国大权。

如果说嬴政在内政上的手段令人刮目相看,甚至瑟瑟发抖，那他在军事上的干脆利落，更说明他是一个有天赋的人。

当时,中原地区的秦、齐、楚、燕、韩、赵、魏7个大诸侯国，号称"战国七雄"。

其中秦国最有条件完成统一。

自商鞅变法以来，秦国重视耕战，领土不断扩大——经孝公、惠文王等6代100多年的努力，到秦王嬴政继位时，秦国的领土扩展到今陕西、甘肃、宁夏、四川、山西、河南、湖北、贵州等地，在7个诸侯国中面积最大。

看看嬴政是如何一统天下的。

——公元前231年，韩国南阳假守腾主动投降并献出南阳。次年秦军突然南下攻韩，一举攻克韩国都城新郑，俘虏韩王安，继而占领韩国全境，韩国灭亡。

——公元前236年，秦国派王翦等将出兵，攻占赵国的阏与、邺等地。

公元前229年，秦国大举兴兵攻打赵国，准备一举灭赵，双方相持1年多。后赵王宠臣郭开受秦国贿赂，诋毁李牧、司马尚谋反，李牧死，司马尚被罢，秦军攻破邯郸，俘虏赵王迁。逃走的赵国大夫在代地拥立赵嘉为王，苟延残喘。

公元前222年，秦军向代地进军，俘虏赵嘉，赵国灭亡。

——公元前231年，魏国被迫献秦部分土地。公元前225年，秦王派将军王贲攻魏，包围魏都大梁，引黄河、鸿沟之水灌城，大梁城坏，魏王假投降，魏国灭亡。

——公元前225年，秦国派20万大军攻楚，虽前期大败楚军，但最后铩羽而归；公元前224年，秦王派王翦带60万大军出征，在蕲邑大破楚军。公元前223年，秦军攻破楚都寿春，俘虏楚王负刍，楚国灭亡。

——公元前227年，秦国派王翦、辛胜攻燕，燕代联军在易水被秦军打败。次年，秦军攻下燕都蓟城，燕王喜逃到辽东。公元前222年，秦王派王贲进攻辽东，俘虏燕王喜，燕国灭亡。

——公元前221年，秦将王贲率军突然从北攻齐，俘虏齐王建，齐国灭亡。

秦始皇嬴政：早年铁血，晚年糊涂

从公元前 236 年起，到灭齐时止，短短十几年的时间，秦国兼并六国，在占领的区域设置郡县，完成统一大业。

知识点

图穷匕首见

战国时，荆轲奉燕国太子丹之命行刺秦王，以献燕国督亢的地图为名，预先把匕首卷在图里，到了秦王座前，慢慢把地图展开，最后匕首露出。后人用"图穷匕首见"比喻事情发展到最后阶段，真相或本意就露出来了。

面对崭新的政局，嬴政感到"王"的含义狭小，不足以彰显自己"上古以来未尝有"的赫赫功业，必须更新名号，体现人君的至上权威。

在反复而郑重的讨论之后，群臣认为秦王平定天下，功业空前，远超五帝，鉴于古有三皇而泰皇最贵的传说，建议尊号更为"泰皇"，命为"制"，令为"诏"，自称"朕"。

嬴政觉得自己德兼三皇，功高五帝，泰皇虽贵，却难以概括三皇五帝之功，于是决定兼采帝号，称为"始皇帝"。

在政治上，秦朝进一步废除西周以来实行的分封制，建立由中央直接管辖的郡县制。起初把全国分为36个郡，后随着领土的扩张增至40多个郡，定都咸阳，实现了"海内为郡县，法令由一统"。

| 011 |

中央政府最高的官僚是"三公",即丞相、御史大夫和太尉,分别掌管行政、军事和监察事务。他们之下,是分掌具体政务的诸卿。在地方设置郡县。郡置郡守、郡尉、郡监,分别掌管行政、军事和监察。郡下设县,万户以上置县令,万户以下置县长,少数民族的地方设道,与县同级。

秦朝的公卿没有世袭权;郡县长官由中央任免,不能世袭。官僚制代替了世袭制。

为了巩固政权,秦始皇还实行了一系列政策,主要是统一货币和度量衡,统一文字,修筑长城、驰道和直道,迁徙六国富民和平民。

秦始皇在治国上是一把好手,可是人都怕衰老和死亡,晚年的他开始犯糊涂,对所谓的"长生不老药"产生了浓厚兴趣。

在民间传说里,海上蓬莱、方丈、瀛洲三岛是神仙居住的地方,有"不死之药"。于是,秦始皇派徐福等到上述地方求仙,同去的还有童男童女数千人。

不久,秦始皇又派卢生求羡门、高誓等仙人的踪迹,派韩佟、侯公、石生求不死之药。

而秦始皇本人,更是连续出巡据说有神仙出没的东方沿海、江淮流域。

可以说,在生命的最后几年,秦始皇最重要的事情,便是寻仙求药，为此不惜代价。

任何改革，都不是一帆风顺的。在国家统一后，秦始皇开始思想上的统治。

公元前213年，群臣及众多儒生参加了在咸阳宫举行的宫廷大宴。围绕师古还是师今，大家展开了激烈争论。

博士淳于越提出恢复分封制，而丞相李斯等针锋相对，指责淳于越"不师今而学古"，"道古以害今"。

秦始皇早已把分封制扔到历史的垃圾堆，不仅支持李斯，还采纳其"焚书"建议，即焚烧《秦记》以外的列国史记，对不属于博士官收藏的《诗》《书》等亦限期收缴烧毁；谈论《诗》《书》者处死，以古非今者灭族；禁止私学，欲学法令者以吏为师。

第二年，又发生了"坑儒"事件。

方士侯生、卢生应命为秦始皇寻找长生不老药，但是这是弄不到的，他们就逃之夭夭，并批评秦始皇刚愎自用、专任狱吏、贪于权势。秦始皇怒不可遏，全国方士、儒生共460余人被活埋于咸阳。

与此同时，为了排面，秦始皇大兴土木，热衷于超大工程。万里长城、秦始皇陵、秦直道、阿房宫并称"秦始皇的四大工程"。不管是修长城、建陵墓，还是造宫殿，每一项工程都是浩浩荡荡，每年服役的成年男子有300万人，而当时全国总人口也大约只有2000万人。

秦朝的民众，几乎被沉重的赋税和徭役压垮。

长 城

秦灭六国之后，为了维护和巩固国家安全，秦始皇采取了一系列重大措施，其中之一就是修建长城。修建长城，是为了保护北部边境人民的生命财产安全。由于匈奴是游牧民族，其骑兵的活动范围很大，没有长城的话，存在很大的安全隐患。在秦统一六国之前，大将蒙恬率30万大军北击匈奴，取河套以南地区，后筑起西起临洮（今甘肃山尼县），东止辽东（今辽宁省）的长城。在秦逐步统一六国后，长城工程第一阶段的重点是维修、连接秦、赵、燕等诸侯国的长城，当时的工程量还不是很大，后期则大力修建长城。所以，万里长城不是完全由秦始皇修建的。

公元前210年,在第五次东巡途中,秦始皇在沙丘(今河北广宗)去世。

为了欺骗世人,车队摆出继续出巡的架势,绕道回咸阳。

由于天气炎热,秦始皇的尸体已经发臭。随行的秦始皇幼子胡亥命人买了许多鲍鱼装在车上,掩盖了尸体的腐臭味。

胡亥与赵高、李斯合谋,篡改诏书,由胡亥继承皇位,指责扶苏为子不孝、蒙恬为臣不忠,逼他们自杀。

胡亥继位后,朝中大权落到了赵高手中,丞相李斯被腰斩。

国家很快就陷入混乱,大规模农民起义爆发,项羽刘邦崛起,秦二世而亡。

尽管秦朝只存在了15年,却奠定了中国两千多年政治体制的基本格局,可谓"百代皆行秦政制"。秦始皇是中国两千多年中央集权封建帝制的主要设计者。

尤其值得一提的是,古代皇帝的陵墓,很多被毁坏。秦始皇陵虽过千年,却保存完好,是一个神秘的存在。

穿越的微信大剧场

< 聊天信息（478）

秦始皇　李斯　韩非　吕不韦　赵姬　异人

赵高　扶苏　胡亥　蒙恬　嫪毐

查看更多群成员 >

群聊名称	看谁还敢多说话 >
群二维码	>
群公告	>
备注	>
查找聊天记录	>
消息免打扰	●

退出群聊

看谁还敢多说话（478）

 吕不韦

我帮你父王回国创业，登上王位，你就不能对我客气点儿？

秦始皇

还要怎么客气？

秦始皇

连嫪毐都是你的棋子！

 吕不韦

我没他狠毒，从没想过谋反。

秦始皇

你们两个坏蛋，人人得而诛之！

 吕不韦

一句话知识点

吕不韦和嫪毐是秦始皇亲政的两大障碍，但他们很快被秦始皇清除。

秦始皇

@李斯 听说你一心想让韩非死，所以让他喝了毒酒？

 李斯

陛下明鉴！这是小人造谣！

秦始皇

你骗不过朕的，这样对老同学可不好。

 李斯

身正不怕影子斜。

秦始皇

做错事不可怕，可怕的是不认错。

 李斯
韩非是韩国余孽，死不足惜！

秦始皇

秦始皇
你这是，承认杀了他？

 李斯

下次不会了

江湖上传说，李斯怕才华横溢的同班同学韩非抢自己的位子，所以毒死了他。

 胡亥
父皇，昨天去看了帝陵，可以同时跑几千匹马。

 胡亥
这样是不是有些浪费？

秦始皇
臭小子，你这么说，对得起父皇吗？对得起小学老师吗？

 赵高
陛下恕罪，是臣教得不好。

 赵高
陛下前无古人，后无来者，帝陵应该再大1倍才是。

秦始皇

赵高是个典型的奸臣，如果不是他，秦朝可能不会二世而亡。

汉高祖刘邦：创业永不言晚

公元前256年,汉高祖刘邦出生于沛郡丰邑中阳里(今江苏省徐州市),他的父亲叫刘煓(煓,tuān),人称"刘太公"。

刘邦,字季,又名刘三。他有着漫长的青春期,一直到40多岁,过的都是不求上进、优哉游哉的小日子。

40多岁,在古代就相当于进入老年了,因为当时人们的平均寿命也差不多就是这个岁数。

大家都忙着娶媳妇生孩子赚大钱,"外貌隆准,美须髯,面呈龙相"的刘邦却一点儿也不着急。他不爱读书,不喜农事,没人知道他内心是怎么想的。

性格豪爽、为人豁达的刘邦唯一上心的事,是与他的那些狐朋狗友一起喝酒。那些酒友,包括萧何、曹参、樊哙、任敖、卢绾、周勃、夏侯婴、周苛和周昌等,后来全部成为汉朝的开国功臣。

刘邦的偶像很高大上,是被称为"战国四公子"之一的著名军事家、政治家信陵君魏无忌。

> 知识点

信陵君魏无忌

战国时魏国大梁（今河南省开封市）人，号信陵君，魏安釐王的弟弟。公元前257年，秦兵围赵国都城邯郸，赵国向魏国求救。魏将晋鄙奉命救赵，却在半途停留不前进。魏无忌设法窃得兵符，带勇士朱亥至军中击杀晋鄙，夺取兵权，解赵之围。10年后，他率领五国联军击退秦将蒙骜的进攻，名震天下。秦王忌惮魏无忌，派人持万金到魏国离间魏安釐王和魏无忌的关系，并假装祝贺魏无忌登上王位。因此，魏安釐王怀疑魏无忌，收回他的兵权。公元前243年，魏无忌去世，魏国自此失去最后的顶梁柱。

他做梦都想成为魏无忌那样的人。

他甚至专门到魏国寻找信陵君的点点滴滴。尽管信陵君已死去多年，他依然觉得自己在魏国收获颇丰。

理想很丰满，现实很骨感。眼看年纪渐大，人生好像越来越没有希望，刘邦与岁月对抗，一直很沉稳地过着他的小日子。

虽然不能像信陵君一样大肆供养门客,但和好哥们下馆子,却是一大乐事。

公元前223年,33岁的刘邦进入体制内,成为泗水亭长,每天带薪发呆,生活平淡无味。

谁也不知道,他会从这个岗位起步,直至逆袭为皇帝。

很多人看不上他,毕竟他年纪偏大,职位又低,但有位老人独具慧眼。他是沛县县令的发小兼富翁,姓吕。

"公子可有成家?"吕公问。

"没有。"刘邦郁闷地说。

"我有个女儿,嫁你可好?"吕公又问。

"真的?"刘邦瞪大了双眼。

刘邦其实是一个不甘心躺平的人。

有次在秦都咸阳服徭役,看到秦始皇坐在马车上,威风凛凛,他脱口而出:"嗟乎,大丈夫当如此也!"

朋友听到这句话,脸色都变了,这可是杀头的大罪。

还有些人觉得,这是刘邦的异想天开,因为他身处社会底层，一辈子快过完了，也没什么大的作为。

还有些看热闹的人问吕公："你怎么看中了这么个庸人？"

但是，事情正在悄悄起变化，属于刘邦的时代正在到来。

秦朝时，秦始皇在骊山修建陵墓，需要征集全国各地的刑徒到骊山工作。公元前212年，44岁的泗水亭长刘邦接到一项任务，押解沛县的刑徒去骊山。

这是项艰巨的任务。走到芒砀山时，这些刑徒已经逃跑过半。

刘邦很清楚，逃走那么多人，自己的责任无法推卸。到了骊山，说不定连1个人都没有了。

应该说，刘邦很有人情味，在丰县西泽中，他把剩下的刑徒聚集起来，喝了一顿大酒。

最后，刘邦总结发言："大家各自逃命吧！"

后来，发生了著名的刘邦醉酒斩白蛇的故事。

这些人中，有十几个人愿意跟随他。刘邦让其中一人在前面探路。可他没走多远，就连滚带爬地跑回来了，说前面路上有条大蟒蛇拦路，还是不要往前走了。

刘邦刚喝完酒，正是胆子大的时候，跑过去提剑就砍。大家看刘邦斩蛇的样子那么帅，特别像大哥的样子，更要跟着他闯天下。

刘邦心安理得地当起了大哥，那帮刑徒成了他创业的原始力量。

当时，秦朝的暴政引得民怨沸腾，后来继位的秦二世更加残暴。公元前209年，陈胜、吴广起义，各地农民纷纷响应。

先前刘邦的队伍人数并不多，也没有什么战术计划。在萧何、曹参、樊哙等人加入，占领沛县，被拥戴为沛公，宣布起

义后，实力大大增强，很快队伍就扩充到 3000 人左右。毕竟打仗不仅靠拳头，还要靠大脑。

当时刘邦已经 47 岁，一个乘风破浪的老年创业者。

后来，为了保存和发展实力，刘邦投奔了项梁。

3

虽然从总体上看秦军处于败势，但是起义并非一帆风顺。前有陈胜身亡，后有项梁战死。

起义军的首领楚怀王熊心决定兵分两路：北路军以宋义、项羽为将，西路军以刘邦为主将，约定谁先入关中，谁就是关中王。

结果刘邦成了幸运儿——公元前 207 年，刘邦率军进驻灞上，秦王子婴向刘邦投降，秦朝灭亡。

看到秦宫里的金银财宝和众多美女，刘邦很想留下来，但是他周围的人有远见，樊哙和张良都劝他不要这么做。

刘邦的优点是听劝。他收回心思，回到灞上，废秦苛法，与关中父老约法三章，即杀人者死，伤人及盗抵罪。

接下来，刘邦与项羽围绕最高统治权展开争战。

项羽曾有机会在鸿门杀死刘邦，但他一时仁慈，刘邦逃过一劫。

公元前206年，项羽自立为西楚霸王，封刘邦为汉王，并杀害楚怀王熊心。

刘邦只好忍气吞声地接受分封，领兵进入关中。同年，刘邦采用韩信的计谋，"明修栈道，暗度陈仓"，出兵进关。历经4年的楚汉之争，刘邦击败项羽，成为最后的胜利者。

其中发生过一个著名的故事，即"分一杯羹"。

项羽的手下抓了刘邦的父亲，将其放在案板上，并在城下支了一口特别大的铁锅。下面的木柴已点燃多时，柴火噼里啪啦地响，火苗肆无忌惮地舔着锅底，锅里的水很快就沸腾了。

一阵震耳欲聋的战鼓声过后，项羽喊话了："刘邦，你还不快投降，我可要把你老爹煮了！"

大家都想看刘邦的反应，没想到刘邦说："我们承楚怀王的命令伐秦，还结拜为兄弟。我爹就是你爹，你一定要煮你爹，别忘了分我一杯羹。"

项伯眼看无法收场，劝项羽说："天下之事，难以预料。争夺天下的人是不顾念家庭的。即使煮了他父亲，他也不会退兵，我们还是再想办法吧"。

根据心理学家的分析，项羽启动的这个程序，可以称作"胆小鬼游戏"，就像两名车手向对方驱车而行，都希望对方会在最后一刻转向，自己的胆量能胜过对方。

刘邦在这次人质危机中的智慧表现，堪称一绝，说明他是一个做大事的人，也是在"家"与"国"之间做了一个选择。

在楚汉之争中，刘邦一度处于劣势，曾多次被项羽杀得丢盔弃甲，很是狼狈。

但是，刘邦最大的优点是注重收揽民心，知人善任，能够充分发挥部下的才能，又注意联合其他反对项羽的力量，逐渐

为什么项羽败在我手上？

敌人变成朋友，会比朋友可靠；但朋友变成敌人，就比敌人更危险。

韩信

刘邦

由弱变强。

这个优点令他最终战胜项羽,后者在垓下之战中惨败后,在乌江边自杀。刘邦笑到了最后。

知识点

四面楚歌

楚汉交战时,项羽的军队在垓下(今安徽灵璧县东南)被汉军和诸侯的军队层层包围起来。夜间听到四面的汉军都在唱楚歌,项羽吃惊地说:"汉军把楚地都占领了吗?为什么楚人这么多呢?"心里已丧失了斗志。

现在"四面楚歌"作为一个成语,形容四面受敌,处于孤立危急的困境。

4

公元前202年年初,54岁的刘邦在山东定陶汜水(今山东曹县北)称帝,定国号为汉。

汉朝初立,内外仍不太平。

北方的匈奴族统一蒙古草原后,虎视眈眈。

公元前200年,刘邦御驾亲征,结果在白登山被围了7天

7夜，此为"白登之围"。

在国力尚未恢复的情况下，在相当一段时期内，汉朝只能通过和亲政策来缓和双方对立的紧张局势。

在汉朝成立之初，刘邦采取郡国并行制，分封7个异姓功臣为王，但是这对中央集权统治并不利。

在汉朝统治逐步稳固后，刘邦开始有意削除异姓诸侯王。楚王韩信战功赫赫，野心勃勃，自然成为刘邦收拾的对象。

公元前201年，有人告发韩信谋反。刘邦很着急，问计于众谋士。大家纷纷说，一定要发兵讨伐。陈平表示反对，说楚国兵精粮足，韩信又善于用兵，发兵很难取胜。陈平建议刘邦

知识点

萧何月下追韩信

韩信投楚，不被重用；再投刘邦，仍不受重用，愤而出走。求贤若渴的萧何连夜将他追回，向刘邦推荐说："如果汉王想长久地留在蜀地，那就用不着韩信；如果汉王想争夺天下，就一定要用韩信。"经萧何再三推荐，刘邦拜韩信为大将军。

后来，韩信果然没有令刘邦失望，在楚汉之争中立下赫赫战功，垓下之战更是灭掉了楚军。

以巡游云梦泽为借口，让各诸侯王到陈县，那时韩信一定会来，然后再抓他问罪。刘邦依计行事，果然将韩信抓住。韩信听到对他的指控，大声喊冤。后因没有明确证据，韩信被释放并降为淮阴侯。次年，吕后与萧何合谋，将韩信诱杀于长乐宫，并诛杀其三族。

不惟韩信。除了长沙王吴芮，异姓王一个个地被清除：燕王臧荼被平定，刘邦后立的燕王卢绾因畏惧逃往匈奴；韩王信叛逃匈奴被诛杀；赵王张敖因部下谋反被废为侯；梁王彭越被杀；淮南王英布起兵，刘邦抱病亲征，将其平定。

为了巩固政权和稳定社会局势，汉高祖刘邦采取休养生息的政策，让士兵回乡务农，并将那些因战乱、饥荒而成为奴婢的人释放为平民。为了鼓励人民致力于农业生产，他采取轻徭薄赋的政策，减轻农民的赋税，相应地减免徭役和兵役。这些政策促使汉初的经济得到恢复和发展，促进了社会局势的稳定。

公元前195年，刘邦带兵平定了英布的叛乱，返回途中路过故乡沛县，把父老乡亲请来一起开怀畅饮。当地有120名儿童唱歌助兴。

刘邦喝得高兴，热泪盈眶，击筑而歌："大风起兮云飞扬，威加海内兮归故乡，安得猛士兮守四方！"

这首《大风歌》永远留在了历史上。

也就是在这次出征中，刘邦被流矢射中，其后病重不起，同年逝于长乐宫。

47岁之前，他还是一个不入流的混混；经过7年奋斗，成为千古一帝；御宇7年，成绩可圈可点。

历史学家汤因比说："人类历史上最有远见、对后世影响最大的两位政治人物，一位是开创罗马帝国的恺撒，另一位便是创建大汉文明的汉高祖刘邦。"

他是汉民族和汉文化的伟大开拓者之一，中国历史上杰出的政治家、卓越的战略家。

刘邦的故事告诉我们什么道理呢？

在人生的任何阶段都不要放弃。

穿越的微信大剧场

聊天信息（228）

| 刘邦 | 吕雉 | 刘太公 | 项羽 | 秦始皇 | 韩信 |

| 萧何 | 戚夫人 | 陈平 | 张良 | 樊哙 | + |

查看更多群成员 >

群聊名称	三分天注定，七分靠打拼 >
群二维码	>
群公告	>
备注	>
查找聊天记录	>
消息免打扰	🟢

退出群聊

三分天注定，七分靠打拼（228）

项羽
群名好像可以改一改，叫"七分天注定，三分靠打拼"。

项羽
不是我实力不行，完全是老天让我败给刘邦的。😭😭😭

秦始皇
你哭啥，丢天下的是朕好不好？

秦始皇
@刘邦 看你头像就不是什么好人。

刘邦
那你来打我啊

035

一句话知识点

秦末天下大乱，群雄四起，最后项羽刘邦争霸，刘邦胜出，开创大汉王朝。

韩信
@刘邦 陛下，我对您忠心耿耿。

吕雉
有十几拨人说你要谋反。

韩信
他们是在陷害我。

韩信
@萧何 老萧，你来评评理。

萧何
我什么都不知道。

韩信
那有人诬陷我谋反，你信不信？

萧何
> 我……我信。

韩信
> 早知今日，当初我要辞职，你为何把我追回来？！

韩信
> 臭不要脸

项羽
> 报应啊，谁让你背叛我。

韩信
> 冤——枉——啊！

项羽
> 要说冤，你死得有我冤？

一句话知识点

韩信是西汉的开国功臣、军事家。他帮助刘邦打败了项羽，后因"谋反"死于宫中。

吕雉
> @刘邦 今天可否与陛下共进晚餐?

刘邦
> 可朕已经答应了戚夫人……

吕雉
> 这已经是今年第八次了。😤

刘邦
> 小戚最近怀孕了,应该多关心她。

刘太公
> 哇,我又要抱孙子了!😁😁😁

刘邦
> @吕雉 朕现在是皇帝,不是一个女人的丈夫。

刘邦

希望你多理解。

吕雉

道理我都懂，但我就是作一会儿

秦始皇

@刘邦 现在知道当皇帝的苦恼了吧。

一句话知识点

刘邦的皇后吕雉与戚夫人势同水火。刘邦死后，戚夫人被做成"人彘"，非常凄惨。

汉武帝刘彻：骄傲的皇帝

1

要说汉武帝刘彻，应该先说他的母亲王娡，因为那是个传奇的妈妈。

王娡可以说是中国后宫史上的例外——她进宫前就有过婚史，还生下1个女儿。

后来，王娡的母亲听信算命先生的话，逼女儿离婚，转而将其送入太子府，太子刘启就是后来的汉景帝。

据说王娡怀孕时，梦到一轮太阳扑入腹中。她把这件事告诉刘启。刘启高兴地说："这是显贵之兆啊。"

公元前156年，王娡生下儿子刘彻。此时刘启已经即位，刘彻是皇十子。

后来，刘彻即位，是为汉武帝。这位西汉的第七位皇帝是中国历史上最著名的皇帝之一，开创了西汉王朝最鼎盛繁荣的时期，也是中国封建王朝的第一个发展高峰。

其实，皇位本与刘彻离得很远。

他是汉景帝刘启的第十子，离长子差得远，而当时奉行的是嫡长子继承制。

公元前153年，汉景帝刘启册立长子刘荣为太子，3岁的刘彻被封为胶东王。

有点儿狗血又有点儿精彩的故事，就此开始。

刘彻的姑母馆陶公主刘嫖（汉景帝的亲姐姐）是个典型的势利眼，看刘荣得势，就想把自己的女儿陈阿娇嫁过去，这样阿娇就是太子妃、未来的皇后。

但是，刘荣的母亲栗姬很傲娇，礼貌地拒绝了刘嫖。因为在之前的后宫之争中，这位长公主没少给自己添乱。

栗姬为什么敢拒绝刘嫖？有种说法是当朝的两位重臣周亚夫和窦婴都支持她的儿子。

栗姬如果知道后来发生的事，一定会悔得肠子都青了。

汉武帝刘彻：骄傲的皇帝

告诉大家一个秘密，王娡入宫前嫁过人！

我要告你诽谤，准备好收律师函吧！

栗姬

王娡

听说刘嫖被拒绝的事后，王娡一反常态，加紧与刘嫖联系，主动提出让阿娇嫁给刘彻。

没想到，刘彻和陈阿娇首次见面就对上眼了。

被问及对阿娇的印象，刘彻说："若得阿娇作妇，当作金屋贮之。"这就是成语"金屋藏娇"的由来。

此后，刘嫖、王娡成了利益共同体。刘嫖不断在汉景帝面前说栗姬的坏话。

可怜的栗姬努力了3年，也没能成为皇后，反而连累儿子刘荣被废太子，改为临江王。而王娡与刘彻母子双双上位，王娡为皇后，6岁的刘彻为皇太子。

公元前141年，汉景帝驾崩，15岁的刘彻登基。

一场历史大戏拉开大幕。

2

继位之初，刘彻并没有什么发言权，因为他的祖母太皇太后窦氏（以下简称"窦太后"）的势力实在是太强了。

公元前135年，窦太后去世，刘彻亲政的最大障碍消失，他开始书写自己的传奇。

当时的汉王朝经过文帝、景帝几十年的休养生息，社会经济逐步得到恢复和发展。为了巩固统一和加强中央集权，汉武帝采取了一系列措施。

思想上，他接受董仲舒的建议，"罢黜百家，独尊儒术"；行政上，颁行"推恩令"，削弱诸侯王的势力。

汉武帝刘彻喜欢儒学，但之前掌权的窦太后崇尚黄老之学，奉行无为而治，二人的观念严重冲突。窦太后去世后，汉武帝把儒家学说立为正统思想，使儒家忠君守礼的思想成为大一统政权的精神支柱。

知识点

罢黜百家，独尊儒术

董仲舒把儒家思想与当时的社会需要相结合，并吸收了其他学派的理论，创建的以儒学为核心的新的思想体系。"罢黜百家，独尊儒术"深受汉武帝赞赏，并得到大力推行。汉武帝还在长安兴办太学，以儒家的《诗》《书》《礼》《易》《春秋》作为教材，培养统治阶级需要的儒学人才，儒士也进入各级政权机构。从此，儒学居于主导地位，儒家思想成为中国传统文化的正统和主流思想。

"推恩令"表面上是"恩",其实是一种削权方式——以前诸侯王的领地由其嫡长子继承,地方势力比较大,不好控制。"推恩令"规定,诸侯王除了以嫡长子继承王位,还可将封地再次分封给其子弟作为侯国,由皇帝制定封号。

如此一来,侯国越来越多,诸侯王的封地和势力却越来越小。他们想对抗中央,基本没戏。

3

汉武帝刘彻是一个非常有雄心的皇帝。他想征服闽越,不久就遂了心愿,汉朝的版图进一步扩大。

汉武帝还有个伟大的理想,那就是反击匈奴,消除匈奴对汉朝的威胁。

对于汉朝来说,匈奴是悬于头上的达摩利克斯之剑。当年汉高祖刘邦就想彻底解决这个心头大患,但无奈国力疲惫,只能屈辱地通过和亲来解决,每年还要送给匈奴大量的粮食和布匹。但是,这治标不治本,问题并不能得到彻底解决,因为匈奴人并不守信用。

汉武帝刘彻是个热血青年,但是并不鲁莽。虽然他暗下决心一定要战，但是在时机不成熟的时候，他明白是不可以轻易开战的。

当西汉强盛，组建起强大的骑兵队伍，手中拥有猛将时，他认为时机到了。

刘彻手中的猛将，有两个最有名，一个叫卫青，一个叫霍去病。可以说，这两个人，一个比一个猛。

卫青是汉武帝第二任皇后卫子夫的亲弟弟，首次出征就是直捣龙城，揭开对匈奴战争汉朝反败为胜的序幕。虽然能力很强，这位将军却能与同事和谐相处。

霍去病就更加传奇了。他是卫青的外甥，用兵更加灵活，勇猛果断，善于长途奔袭。

17岁那年，他跟随大将军卫青出征，只带800骑兵，就直捣匈奴巢穴，功冠全军，从此全国人民记住了"霍去病"这个响亮的名字。

19岁时，被任命为骠骑将军的霍去病三征河西走廊，将匈奴人逐出祁连山，迫使浑邪王部4万余人投降，汉朝控制了河西地区。

只要他们在，匈奴人不敢越雷池半步。

公元前119年春，汉武帝派卫青、霍去病发起漠北战役，这是西汉对抗匈奴的高潮。在这次战役中，汉军把匈奴打得不能自理。从此,"幕(通'漠')南无王庭",匈奴再也无力与西汉对抗,部分匈奴人开始西迁。

可惜霍去病只活了23岁。他的葬礼,特别值得一说。

那是公元前117年,整个大汉王朝都陷入哀伤。

送葬的队伍,一眼望不到头。朝廷调遣边境五郡的铁甲军,列队从长安一直排到茂陵,蜿蜒似铁轨。

汉武帝刘彻的情绪很低落。太监们发现,他的眼角泪花闪闪。这位汉武大帝一向以坚强著称,很少有人看到他的眼泪,但是这次他忍不住了。

霍去病被赐谥号"景桓"。汉武帝下令将他的陵墓修成祁连山的形状,安葬在自己的寝陵茂陵的一旁。

后来,卫青病逝,汉武帝很伤心,下令在自己的茂陵东北,为这位大将修建了一座阴山形状的墓冢。

汉武帝希望通过这种形式,彰显这两位名将为击败匈奴建立的赫赫功勋,希望他们能够永远陪伴自己,守护江山。

……………

击败匈奴后,汉武帝从政治、思想、经济、军事等方面巩固了大一统的局面,西汉王朝开始进入鼎盛时期。

汉武帝刘彻也是一个开放的皇帝,有着很强的沟通欲。

他派遣张骞出使西域,原本是为了攻击匈奴,最后却开辟丝绸之路，促进了东西方经济文化的交流，大汉王朝呈现出完全不同的气象，鼎盛景象前所未有。

知识点

张骞出使西域

公元前138年，张骞领汉武帝之命出使西域，联合大月氏共击匈奴。公元前119年，张骞再次奉汉武帝之命出使西域，建议乌孙东返敦煌，共抗匈奴。

虽然张骞出使西域的战略目的没有达到，却联络了乌孙、大宛、康居、大月氏、大夏、安息等地，加强了中原与西域的联系，开辟了中国通往西方的"丝绸之路"。

丝绸之路

自从张骞开辟通往西域的道路后，汉朝和西域的使者开始相互往来。商人们载着汉朝的丝绸、漆器等货物，从长安出发，穿过河西走廊，经西域运往中亚、西亚，再转运到更远的欧洲，又把西域的物产运到中原。这条沟通欧亚的陆上交通道路，就是著名的"丝绸之路"。

丝绸之路是古代东西方往来的大动脉，极大地促进了汉朝同其他国家和地区的贸易和文化交流。

4

汉武帝很伟大，但大汉王朝和皇帝的后宫都有很多潜在的风险。

比如，后宫的斗争始终没有中断。

作为第一任皇后，陈阿娇一直没有孩子，听说当时还没有名分的卫子夫有孕，就跟母亲刘嫖开始行动了。

她们派人抓了卫子夫的弟弟卫青，欲杀卫青以警告卫子夫。幸亏卫青平素人缘好，朋友公孙敖及时相救，得以逃过一劫。

正是这个小插曲，拉近了刘彻和卫青的关系，也加快了卫家的发达：卫子夫被封为夫人；为了保护小舅子卫青，汉武帝加封卫青为建章监、侍中，后又晋升为太中大夫；卫家的其他兄弟姐妹也跟着鸡犬升天，哥哥卫长君被封为侍中，卫青的两个姐姐也都嫁得如意郎君。

主动挑起事端的刘嫖非但没达到杀鸡儆猴的目的，反而适得其反，促使卫家人真正发达起来。

更令人抓狂的是，卫子夫一口气为汉武帝生了3个女儿，尽管没生儿子，其地位却日渐稳固。

皇后陈阿娇气得牙痒痒。无奈之下，她开始搞封建迷信。

汉朝是个迷信巫蛊的时代，人们普遍认为，可以通过扎小人等方式咒死自己的敌人。贵为皇后，搞这么大动作，自然很快就被人揭发出来。陈阿娇被废皇后之位。

后来，卫子夫又怀孕了，这一次她生了个男孩（后来的太子刘据）。很快，卫子夫被立为皇后。

随着太子刘据一天天长大，卫子夫的容颜一天天衰老下去。但是汉武帝的后宫是不缺美女的，宫斗继续。

刘据成年后，性格温厚，与汉武帝不太一样。他多次劝诫父亲，不要总是打仗，要与民休息。父子之间难免产生嫌隙。

但是，这种嫌隙被酷吏江充等人利用，导致灾祸频生。当时卫青、霍去病已经去世，这些别有用心的人上下其手，连卫家亲族当时最大的势力、宰相公孙贺也不能幸免。

公元前91年，因为莫须有的罪名，他和儿子公孙敬声双双冤死在狱中，太子刘据失去朝堂上的靠山。

不光公孙贺一家，诸邑公主、阳石公主以及卫青之子卫伉也被连坐处死。曾经显赫一时的卫氏家族惨遭打击。

紧接着，江充等人趁机炮制出巫蛊案，成功地把刘据拉下水。

百口莫辩的刘据不得已铤而走险——起兵以证清白。但是，刘据并不像舅舅卫青那样用兵如神。与刘屈氂血战5日之后，他被击败，一家几乎被灭门。

家族连遭不幸，卫子夫悲愤得无法自已。就在此时，汉武帝收回她皇后玺绶的诏令也到了。万念俱灰中，一代贤后卫子夫自杀身亡，以死明志。

一场巫蛊之祸过后，汉武帝失去了皇后和嫡子、嫡孙。

陛下，我永远不会原谅你！

那是江充作的恶，朕只是背锅的。

卫子夫

汉武帝

5

由于长期对外征战，在汉武帝统治后期，百姓妻离子散、生活困苦，社会动荡，出现了"民力屈，财力竭，因之以凶年，寇盗并起"的现象，农民反抗起义经常发生。

这不是一个好信号。

而且，晚年的汉武帝性情大变，他轻信佞臣谗言，轻易灭族冒犯自己的臣子，甚至株连万人。

后来又发生巫蛊之祸、李广利出征匈奴失利等事件，与之前的鼎盛相比，大汉王朝的内外形象大打折扣。

朝廷内外纷争不断，再加上刘据的死，让汉武帝的身体大不如从前。

这个世界，每个人都会死去，但汉武帝想长生不老。他迷信神仙和方术，宠信方士，相信仙丹妙药可以让人长生，于是做了不少糊涂事。

太子刘据的死对他触动很大，他意识到了儿子的无辜。他处死刘屈氂，灭了李广利和江充的家族，又筑了思子宫和归来望思之台，表达对太子的怀念。

公元前89年，汉武帝求仙东莱失败，在封泰山、禅石闾后，对众大臣表示，自己的有些行为是错误的，内心很后悔。他也承认，世上本无仙人，下令遣散他一直很宠信的方士。

几个月后，这位骄傲的皇帝下了一道自我反省罪过的诏书《轮台诏》，这是历史上第一份内容丰富、保存完整的"罪己诏"。

汉武帝在这一诏书中，表达了派李广利北伐匈奴的后悔之情，否定了部分大臣主张将战争继续升级的屯田轮台的计划。他表示，当今政事，最要紧的是"禁苛暴，止擅赋，力本农"，指出安定生产的重要性。

趁时间还来得及，赶紧批评一下自己，挽回一下形象，对于一个优秀皇帝来说，是很有必要的。

公元前87年，一代雄主汉武帝去世，享年69岁。

汉武帝是一位有着雄才大略的皇帝，虽然有过失，但是其以卓越的政治、经济、文化成就让汉王朝走向鼎盛，将一个国家引向繁荣和强大。这是一位杰出的皇帝。

穿越的微信大剧场

< 　　　聊天信息（499）

| 汉武帝 | 窦太后 | 卫子夫 | 陈阿娇 | 苏武 | 董仲舒 |

| 司马相如 | 司马迁 | 卫青 | 霍去病 | 李陵 | ＋ |

查看更多群成员 >

群聊名称	我就是黄河，我就是泰山 >
群二维码	>
群公告	>
备注	>
查找聊天记录	>

消息免打扰 　　　　　　　　　　　　　　🟢

退出群聊

055

我就是黄河,我就是泰山(499)

董仲舒
陛下V5(威武),连建的群都是瞬间即满。

苏武
陛下V5

卫青
陛下V5

霍去病
陛下V5

汉武帝
无比骄傲

汉武帝
咱大汉不缺人,更不缺人才

"司马相如"进入群聊

汉武帝
大家看，又进来一个人才。

汉武帝

司马相如
陛下是说我吗？

汉武帝
那还有谁？

司马相如
😳😳😳

汉武帝
还有董先生，也是朕手心里的宝 @董仲舒

董仲舒
过奖了！

董仲舒
罢黜百家，独尊儒术能够实现，首功当归陛下。

窦太后
都怪你蛊惑皇帝！

一句话知识点

汉武帝时期的人才非常多。卫青、霍去病被称为"千古名将"；司马相如被誉为"赋圣"；董仲舒建议汉武帝确立儒学正统地位，而汉武帝的祖母窦太后一直信奉黄老之学，不喜儒术。

司马迁
群里有说真话的吗？

李陵
✌️✌️✌️

司马相如
✌️✌️✌️

司马迁
还有吗?

霍去病
我……

卫青
@霍去病 先别表态,先观察一下

司马迁
讲真话有那么难吗?

汉武帝
太史公,是不是还在恨朕?

司马迁
过去那些不愉快的事,我早忘了。

汉武帝
真不真啊?

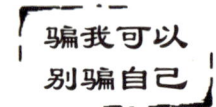

汉武帝
骗我可以
别骗自己

一句话知识点

司马迁仗义执言，却受腐刑，后发愤完成被誉为"史家之绝唱，无韵之离骚"的《史记》。司马迁遭受腐刑是汉武帝刘彻广受非议的一件事。

卫子夫
陛下还记得初见臣妾的那个午后吗?

汉武帝
当然记得，你的独舞把朕看呆了。

汉武帝
你的一头秀发，也给朕留下了深刻印象。

卫子夫
😊

窦太后
这是在群里,你们不要刺激娇儿了。

陈阿娇
皇祖母,娇儿不生气。

陈阿娇

> 谁说女生动不动就生气
> 真是气死我了

一句话知识点

刘彻即位后立陈阿娇为皇后。但是,金屋内的阿娇并不幸福,刘彻觉得她太骄横、嫉妒心太强,更喜欢贤良的卫子夫,并最终立卫子夫为皇后。

汉光武帝刘秀…
光复汉室的老实人

1

汉光武帝刘秀生于公元前5年，卒于公元57年，出生于陈留郡济阳（今河南兰考），虽有雄才大略，却迷信谶（谶，chèn，迷信的人指将来能应验的预言、预兆）纬。

刘秀还被誉为"最有学问、最会打仗、最会用人的皇帝"。

"秀才造反，十年不成。"刘秀是个例外。

他是十年不鸣，一鸣惊人。在家读书时，他安分守己；一朝造反，倒海翻江。

刘秀这一脉的祖上，是汉景帝的儿子长沙定王刘发。

但是很可惜，刘发的子孙们，一代不如一代。

刘秀9岁的时候，身为县令的父亲刘钦病死，刘家兄妹只能投靠南阳郡的叔叔刘良。

每个孩子都是不一样的。

刘縯作为哥哥，有点儿像刘邦，平日即以汉高祖自许，史书上记载他"性刚毅，慷慨有大节。自王莽篡汉，常愤愤，怀复社稷之虑，不事家人居业，倾身破产，交结天下雄俊"。也就是说，这是个有理想、潇洒、朋友众多、锋芒毕露的人。

相比之下，刘秀是个内秀的人，见人就害羞，不太爱说话。

刘秀是中国历史上唯一一位太学生出身的皇帝，他能上太学，必须感谢篡位的王莽。

这很矛盾，但这是事实。王莽重视教育，扩建了长安太学，将招生名额扩大到1万人。王莽还让大量刘氏子弟进校读书，刘秀就是在这种背景下成为长安太学学生的。

刘秀的不少同学都很优秀，像邓禹和朱佑，未来都是东汉王朝的创始合伙人，皆列入"云台二十八将"。

知识点

云台二十八将

在汉光武帝刘秀麾下助其统一全国、重兴汉室江山、建立东汉政权过程中功劳最大、能力最强的28员大将。公元60年，汉明帝刘庄在洛阳南宫云台阁命人画了28位大将的画像。范晔在《后汉书》为二十八将立传，称"咸能感会风云，奋其智勇，称为佐命，亦各志能之士也。"其中功劳最大的当属岑彭、冯异。

刘秀的老师叫许子威，时任中大夫，庐江人。刘秀跟着许老师学习《尚书》，学了几年，老师的评语是"略通大义"。

因为家贫，刘秀与同学共同出资买了一头驴，靠出租驴为生，收益很可观。

《东观汉记》曾记载这段轶事："资用乏，与同舍生韩子合钱买驴，令从者僦，以给诸公费。"

你这驴真不卖？

只租不卖，卖了我吃什么？

长安居民

刘秀

2

刘秀最初有大志，是因为羡慕和对爱的憧憬。

有一次，刘秀在大街上看到执金吾走过，那场面十分威风、气派，不禁大为感慨，说了一句名言："仕宦当作执金吾，娶妻当得阴丽华。"

知识点

仕宦当作执金吾，娶妻当得阴丽华

这是发生在汉光武帝刘秀身上的一个著名典故。执金吾是汉朝的一个官名，其主要职责是保卫京城。阴丽华是南阳有名的美女，阴家是春秋时期齐国著名丞相管仲的后人，因为被封为"阴大夫"才改姓阴。爱美之心人皆有之，但是刘秀要拉近与仰慕之人的距离，必须不断奋斗。这句广为流传的话引起很多英雄的共鸣。

可现实很骨感。权力与刘秀没有关系，阴丽华更是感觉距离很遥远。

对刘秀这样的没落贵族来说，平平淡淡过完一生，是很有可能的。

不过，老天总会给人机会。属于刘秀的机会终究还是来了。

当时篡位的王莽正在全国推行改革，因为步子迈得太大太急，激化了社会矛盾，很多人受不了，就开始造反。

公元22年10月，经过长时间谋划，哥哥刘縯与他的哥们开会。他说："王莽暴虐，百姓分崩。今枯旱连年，兵革并起。此亦天亡之时，复高祖之业，定万世之秋也。"这等于是给自己的造反找理由，古人特别重视这个程序。

同时，弟弟刘秀也准备在宛城起义。他们打出的旗号是"复高祖之业，定万世之秋"。

最初的起义像一场笑话，因为没有经费，条件太差，作为主将的刘秀居然骑着牛就上了战场。

不过，智勇兼备的刘家兄弟打仗确实有一套，俨然成了起义军中冉冉升起的新星，几乎是起义军中最具威望的西汉宗室后代。

但是，在拥立皇帝时，别有用心的绿林军主要将领选择了更好控制的刘玄，也就是更始帝。

公元23年，更始政权建立，刘縯被封为大司徒，刘秀任太常偏将军。

王莽视更始政权为心腹之患，没几个月，就派遣王邑、王寻率领40多万（号称百万）大军杀向昆阳。而此时昆阳的守军不足1万人。

刘秀很是勇猛，突围出城调来援兵，但是调来的援兵与王莽的40多万大军比，差距实在太大，王邑根本没看在眼里。

但是他没想到的是，刘秀趁着夜色带领敢死队突然袭击自己的大本营，王寻战死。昆阳守军乘势开城出击，把王莽的军队打得落花流水，40多万大军几乎全军覆没。

此战可以说创造了冷兵器战场以少胜多的奇迹，也让王莽输掉了老本。当年9月，王莽政权覆灭。

昆阳之战后，刘秀的名气大涨，还获得了很大的军事话语权。

刘家兄弟威名远扬，刘玄害怕了，便设计砍了刘縯的头。

汉光武帝刘秀：光复汉室的老实人

刘秀是个聪明人，知道哥哥被杀是因为刘玄嫉贤妒能，但是他的实力还不够自立门户，现在还不是翻脸的时候。于是，他便开始演戏给刘玄看，不居功，不为兄长服丧，拒绝与刘縯的部下来往。

刘玄被麻痹了，甚至觉得有些歉意，封刘秀为破虏大将军、武信侯。

他哪里知道，刘秀正在暗中积蓄力量。

在这期间，他娶了自己的梦中情人阴丽华。

3

公元25年，一介布衣起家、经过浴血奋战的刘秀，在洛阳正式称帝，重建大汉王朝，史称东汉。

在那么短的时间内就取得成功，是多方面因素促成的。

刘秀会打仗，已被充分证明。在用人方面，刘秀也堪称顶流，善于建立统一战线，把大家团结在一起。

可以说是"光杆司令"的刘秀被派到河北后，势单力薄，但是他硬是取得南栾之战的胜利，将称帝的王郎消灭。在诛灭王郎之后，有关部门上交了部分官吏与王郎往来的书信。刘秀对此并不在乎，命令当场烧毁。他的意思是，大家可以放心，只要现在你们是忠诚的，他不会翻旧账。

南栾之战的胜利离不开一个人的帮助，那就是真定王刘杨。为了获得刘杨的支持，他迎娶了刘杨的外甥女郭圣通。作为嫁妆，刘秀拿到了刘杨的10万兵马。

此时，刘秀与阴丽华结婚还不到1年。

比刘秀小10岁的阴丽华是个非常懂事、很有大局观的女人。在得知郭圣通的存在后，她一点儿也不生气。在刘秀称帝后，也坚辞皇后之位。

因为她知道，丈夫的统一大业刚刚开始，天下未定，不能儿女情长。自己虽然是原配夫人，但是为了支持丈夫的工作，只能忍辱负重。

公元26年，刘秀册封郭圣通为皇后，郭圣通所生的长子刘彊为太子。

10多年后，刘秀皇位稳固，以郭圣通心怀仇怨，有吕后、霍成君嫉妒凶残之风为由，废其皇后之位，改封为中山王太后，同时立阴丽华为皇后。

是郭圣通真的有问题，还是长期愧对阴丽华良心有些痛，这些都不得而知。

不过，刘秀还是厚待郭圣通的娘家人，给他们升官封侯。

两年后，当了17年太子的刘彊很识时务，主动让出继承人之位，被封为东海王。

刘秀与阴丽华所生之子刘庄成为新太子，也就是后来的汉明帝。

4

刘秀登基后，用了12年的时间平定天下，使得自新莽末年以来四分五裂、战火纷飞的中国再次归于一统。

王莽篡位之后的20多年，战乱四起，民不聊生，刘秀再次统一后统计人口发现"十有二存"。可见乱世对经济和社会的打击有多大。

刘秀是个很特别的皇帝，非常重视官员治理，加强监察制度，提高刺举之吏的权限和地位。

他想了很多办法来安定民生，恢复残破的社会经济。

为了把国家治理好，刘秀非常勤奋，天天与大臣们讨论工作，废寝忘食。

他深知底层百姓的苦难，多次发布释放奴婢和禁止残害奴婢的诏书，使得自西汉末年以来大量失去土地的农民沦为奴婢

的问题得到了很大的改善。

他轻徭薄赋,减轻刑罚,减轻百姓的负担;裁撤官员,加强对官吏的监督。

到刘秀统治后期,社会出现了比较安定的局面,经济得到恢复和发展,全国人口的数量达到两千多万,比国家刚统一时增长了1倍多,史称"光武中兴"。

皇帝中的雄主,历来喜欢扩大疆域,对外展开战争。公元51年,跟随刘秀打天下的朗陵侯臧宫、扬虚侯马武上书,要趁匈奴分裂之时,发兵灭之,立"万世刻石之功"。

但是,刘秀觉得好不容易打完仗,国家需要安定,百姓需要安宁,要与民休息。

最难得的是,他是历史上少有的不屠杀功臣的开国皇帝。对昔日的创业伙伴,他毫不吝啬地进行封赏安置,给予高官厚禄,让他们光耀门楣,以此换得那些人的兵权。也就是说,开国功臣只要不谋反,全部得到善终。

在去世前1年,即公元56年,刘秀做了一件大事——封泰山禅梁父。之前大臣们曾多次提议刘秀泰山封禅,均被他拒绝。现在,他觉得国家无内忧外患,百姓太平,临终前应该去一次泰山。此次封禅场面浩大,随行人员众多。

公元57年,刘秀在洛阳去世,享年62岁,谥号"光武皇帝",庙号"世祖"。

可以说,汉光武帝刘秀的一生没有遗憾。他在遗诏中说,自己无益于百姓,后事都照孝文皇帝制度,务必俭省。

这样的皇帝,是不是让人有些感动?有人说,在皇帝俱乐部中,刘秀可以说是功业水平和道德水平非常高的了。

是非功过,任人评说。但刘秀此人,真的不错。

穿越的微信大剧场

< 聊天信息（188）

| 刘秀 | 阴丽华 | 郭圣通 | 刘良 | 刘縯 | 许子威 |

| 邓禹 | 冯异 | 朱佑 | 刘玄 | 王莽 | + |

查看更多群成员 >

群聊名称	打仗要猛，对人要好 >
群二维码	>
群公告	>
备注	>
查找聊天记录	>
消息免打扰	〇

退出群聊

| 075 |

打仗要猛，对人要好（188）

许子威
那句"仕宦当作执金吾，娶妻当得阴丽华"，真的充满了男子汉气概。

刘秀
许老师，那时候只是随口说说

许子威
引起多少英雄共鸣呀！

刘秀
看来一个人，还是要有人生目标啊！

阴丽华
😍😍😍

刘秀
还记得我跟你说的第一句话吗？

阴丽华
记得我还做成了表情包。

阴丽华

愿意跟我体验一下不单身的感觉吗

刘秀
后来长期在外打仗,很无奈。

刘秀

幸好思念无声
怕你震耳欲聋

阴丽华
😍😍😍😍😍

刘秀
虽然过的是有今天没明天的生活,但我始终没有忘记承诺。

刘秀

我想帮你扛米袋子、扛煤气罐……

郭圣通

你们可以了哈,这是在聊天室。

一句话知识点

刘秀的至爱是阴丽华,但受各种因素的影响,他称帝后先立的皇后是郭圣通。不过,刘秀还是遵从自己的内心,废郭圣通皇后之位,立阴丽华为皇后。

王莽

朕只是想通过改革让国家强大,没想到一改革就丢天下。

刘玄

你还丢了命。

王莽

🏛🏛🏛🏛🏛

刘縯
还要不要脸

刘縯
天下本来就不是你的，是你偷来的!

王莽
我输了，你们说什么都行。

刘秀 
任何改革都要立足于人，立足于实际，否则迟早失败。

刘玄
公道地说，你的改革太超前。

刘秀 
@王莽 你不会是从几千年后穿越来的吧？

王莽

不想说话

刘秀
还要感谢你，没有这场败家的改革，我就没机会复兴汉室。

王莽
😭😭😭

一句话知识点

王莽在位期间，推出了有名的"托古改制"，结果完全失败。这是刘秀复兴汉室的机会。

邓禹
陛下，很多人都说您太厚道。

刘秀
厚道有错吗？

朱佑
一个皇帝不能太厚道。

刘秀
朕偏要!

邓禹
一个皇帝难道不应该让别人害怕吗?

刘秀
你们还不了解我,厚道才是王道。

阴丽华
@刘秀 这才是我心中最亮的星。

邓禹
老臣!稳

一句话知识点

刘秀的厚道,在历史上是出了名的。

唐太宗李世民··
皇帝里的劳模

1

唐太宗李世民在中国历史上可以说是一个教科书式的存在。

这位有着鲜卑血统的皇帝励精图治，开创大唐盛世。他的开阔胸襟为其赢得"天可汗"的尊称，大国之君的风度让大唐王朝成为世界文化交流的中心。

李世民很早熟，传说他14岁的时候，就作为娃娃兵带头人，随父亲打仗。

他力大无比。最爱的兵器是一张两米长的巨阙天弓，能百发百中。

他艺高人胆大。打仗的时候，他经常只带一个警卫员去火线侦察。

他特别自信。虎牢关战役的时候，他对尉迟敬德说："我拿弓箭，你持槊相随，即使是百万大军，又奈我何！"

他也很有谋略。当时因为隋朝实施暴政，北方多地爆发武装起义。在这期间，李氏家族的实力猛增。

公元 615 年，年仅 16 岁的李世民奔赴山西忻州的雁门关，营救被突厥人包围的隋炀帝杨广。搏杀之勇，忠诚之情，令隋炀帝很是感动。

在此战中，李世民展现出不凡的胆识和军事才能。

当时谁也没想到，后来李渊和李世民会成为隋朝的掘墓人。

本来在造反这件事上，父亲李渊还有些犹豫，经不住李世民不断怂恿，这才起事。

结果不到半年，李渊父子就攻破长安，真是快如闪电。

2

李渊有 22 个儿子、19 个女儿。其中，李世民的能力比其他人高出太多。

照理说，造反成功后，由李世民来当太子，没有悬念。李渊也曾承诺过，事成，当立世民为太子，可他食言了，转立大儿子李建成为太子。

这让很多李世民阵营的人不服气。

李建成也有军功，但跟二弟李世民比起来，可以忽略不计。

可以说，整整 8 年，李建成的太子位就没坐稳过。

从庙堂到民间，一种声音逐渐在变强——

大唐的未来之君，应该是李世民。

看到二弟的势力很大，李建成和四弟李元吉结成同盟，一起排挤李世民，不让李世民掌握兵权，削弱李世民的力量。

他们甚至对李世民下毒，想通过各种手段除掉他。

一再退让的李世民决定对大哥和四弟下手。

公元 626 年的一天，他命人在长安玄武门埋伏，杀死了两个兄弟（李建成的 5 个儿子也被杀）。这就是历史上著名的"玄武门之变"。

对于这桩血案，李渊痛心不已，但他只得立李世民为太子。

两个月后，李渊退位，成为太上皇，李世民登基，是为唐太宗。

3

李世民活了 50 岁——

前 27 年，他是一名勇敢的战士；后 23 年，他是一位勤奋的皇帝。

无论在哪个皇帝排行榜上，李世民都能挤进前五。

隋朝灭亡是他最好的教科书。隋炀帝杨广臭名昭著，"炀"主要有 3 层意思：一是贪恋女色不遵守理法，二是破坏礼制背弃公众，三是违背天理虐待人民。

李世民很怕在历史上留下耻辱的一笔，所以在工作的时候，几乎是自虐式的勤奋。

历史上能出现大唐盛世，并成为中华民族耀眼的名片，可以说，李世民的勤奋当属首功。

登基后，他征讨四方，平定突厥、高昌、龟兹、吐谷浑等。

李世民实行开明的民族政策，得到周边各族的拥戴。当时北方和西北地区的各族首领尊奉唐太宗为各族的"天可汗"，也就是各族共同的君主。

李世民善于打仗，还喜欢搞文艺创作。

他曾经写过《威凤赋》，追思王业艰难。后来，他还主持了《秦王破阵乐》的创作工作。那是一出令人血脉偾张的剧，有2000多人参演，每当鼓声雷动，观众的情绪就被充分调动，即使无缘到现场，听到鼓乐声，长安人民也可以感受到一个伟大朝代的脚步声，以至于兴奋到失眠。

因为他自喻为凤凰，排名又是老二，所以他给自己起了个小名——二凤。

二凤不仅能文能武，还能团结一帮人干大事，也就是说，有突出的管理才能。

登上帝位后，他没有大肆屠杀功臣，倒是亲自出面，请当时著名的画家阎立本，在凌烟阁为24位功臣画像。

连婚姻都在最大程度地帮他。15岁的时候，李世民就结婚了，他的妻子是长孙氏，当时只有13岁。她是隋朝右骁卫将军长孙晟之女，8岁时父亲就去世了。

她非常贤良，后来成为李世民事业上的帮手，尤其善于借古喻今，指出丈夫的失误，保护了很多敢于直言的大臣。

可以说，长孙皇后是中国历史上最出色的皇后之一。

长孙皇后先后为李世民生下三子四女，其中包括李世民的接班人唐高宗李治。

4

李世民最为人称道的，是他十分重视人才，善于听取大臣的意见。

按他的说法，与群臣共治天下。

他十分注重吏治的清明，亲自选派都督、刺史等地方官。为了掌握情况，他命人把重要官员的功过写在宫内的屏风上，作为官员升降奖惩的依据。他的效率很高，经常在深夜召见五品以上官员，了解民间疾苦，答不上来的，要"打屁股"。

李世民在选拔和任用人才上，能够用人唯贤，不拘一格。

房玄龄、杜如晦、长孙无忌、杨师道、褚遂良等，个个忠直廉洁；李勣、李靖等则为一代名将。

李世民不计前嫌，重用李建成旧部魏征、王珪，降将尉迟敬德、秦琼等。

一般而言，皇帝听到批评自己的言辞，会受不了，所以言官们还是比较谨慎的。

而李世民从谏如流，并在这方面做到了极致。

给他提意见的大臣里，最有名的一个叫魏征。

魏征的口才很好，主意又多，前后进谏200多次。这对君臣的故事，成为1000多年来人们口耳相传的佳话。

"爱卿看看，我还有什么做得不好的？" 这句话，几乎成了唐太宗的口头禅。

在李世民和大臣们的努力下，良政得以施行，百姓逐渐走出隋末的战火和痛苦，得到休养生息。

贞观初年，唐朝的人口只有200余万户，20多年后，达到380多万户。

长安城成为当时世界上最大、最繁华的城市之一。

贞观时期是历史上一幅令人陶醉的画卷，可以说是"道不拾遗，夜不闭户"，连犯罪分子都很有良知和信用。白居易的诗"怨女三千放出宫，死囚四百来归狱"就源于这个时期的故事。

公元632年快要过年的时候，李世民特批全国390名死刑犯回家过团圆年。到了第二年，这些囚犯竟然都回到了监狱，无一跑路。

李世民很高兴，认为在自己治下，连犯人都有底线，明事理，知羞耻。

奋斗是李世民的生活方式。后来，在《帝范》一书中，他对自己的执政理念进行了总结——"奉先思孝，处位思恭。倾己勤劳，以行德义，此乃君之体也。"

这段话的意思是，敬奉祖先应该思孝，居位理政应该恭谨。应该忘我辛劳，以行德义，这是国君的本分。

知识点

贞观之治

贞观时期，唐太宗推行了一系列革新措施。政治上进一步完善三省六部（三省即中书省、门下省和尚书省，六部即吏部、户部、礼部、兵部、刑部和工部）制；减省刑罚；增加科举考试科目，进士科逐渐成为最重要的科目；严格考察各级官吏的政绩。经济上减轻人民的劳役负担，鼓励发展农业生产。

唐太宗统治时期，政治比较清明，经济得到进一步发展，国力增强，文教昌盛，历史上称之为"贞观之治"。

5

唐太宗的晚年，有些凄惨。

一是接班人问题。

中国历朝历代的政权交接，经常会伴随杀戮和血腥。李世民也没走出这个怪圈。

他的权力是通过杀死大哥、四弟，逼迫父亲得来的。他的晚年也受此困扰。

公元643年，也就是在李世民44岁的时候，当朝太子李承乾谋反。这个太子是他与长孙皇后所生，特别受他的宠爱。怎么处置这个儿子，他左右为难。他终于理解了父亲李渊当年的心情。

按大唐律，谋反者当死。

但是，李世民实在不舍得，最后只是将李承乾贬为庶人。后来，废太子死在荒凉的黔州。

健康问题也一直困扰着他。

众所周知，李世民长得胖，生活优渥，难免患上心脑血管病。随着身体出现毛病，他开始尝试吃丹药，这应该是皇帝的"职业病"——幻想长生不老。

史料记载，公元642年前，他特别喜欢外出打猎，大家经常看到他灿烂的笑容。但是，从公元643年开始，一直到去世，他很少外出打猎。

有人据此判断，皇帝的健康出现了问题。

也有人说，是因为太子李承乾被废、魏王李泰被贬对他的刺激很大。

李世民去世的前1年，有大臣向他推荐天竺国（今印度）的一名叫那逻迩娑婆寐的方士。该方士长须飘飘，吹嘘自己有200岁，又称这个世界上有长生之术。

对于这个非常直白的谎言，高智商的李世民信了。

有种说法，丹药非但没有让李世民长生不老，反而提前结束了他的生命。

公元 649 年，唐太宗李世民在钟南山上的翠微宫含风殿永别了这个世界。

穿越的微信大剧场

< 　　　　　聊天信息（398）

| 李世民 | 李渊 | 长孙皇后 | 魏征 | 房玄龄 | 长孙无忌 |

| 尉迟恭 | 李承乾 | 李泰 | 李治 | 武则天 | ＋ |

查看更多群成员 >

群聊名称　　　　　　　　　　　　　　我心永恒 >

群二维码　　　　　　　　　　　　　　　　　　>

群公告　　　　　　　　　　　　　　　　　　　>

备注　　　　　　　　　　　　　　　　　　　　>

查找聊天记录　　　　　　　　　　　　　　　　>

消息免打扰　　　　　　　　　　　　　　　　⬤

退出群聊

| 095 |

我心永恒（398）

魏征
@李世民 陛下现在有空吗？我过来汇报一下工作。

李世民
等一下。

魏征

等一下
是几下

李世民
朕也是人，也需要休息。

魏征
可陛下是天下人的陛下，必须时刻以黎民百姓的福祉为要。

李世民

好气哦
但还是要保持微笑

李世民

喝口茶就过来，你不会又来挑朕的缺点吧？！

魏征

陛下别紧张，这次必须不是。

李世民

被你挑怕了。

李世民

有时间一起吃鱼吧
我看你挺会挑刺的

尉迟恭
陛下如果嫌谁碍事，跟臣说一声。
💣💣💣

李世民
就你能打。

李世民
😠😠😠

一句话知识点

李世民被后世誉为虚心纳谏的典范，而魏征就是最能挑毛病的那个大臣。

长孙皇后
陛下，不要过于操劳啊，该刷牙休息了。

> 李世民
> 再看几份文件，不能留到明天。

> 长孙皇后
> 何必这么拼？

> 李世民
> 皇后没听说吗？爱拼才会赢。

> 李世民
> 再说隋朝灭亡的教训是新鲜的、血淋淋的……

> 长孙皇后
> 陛下比起那个杨广，不知道要强多少万倍。

> 李世民
> 好累

李世民
> 要是天下人都这么想，朕就可以休息了。

一句话知识点

李世民吸取隋朝速亡的教训，工作起来不要命。

李承乾
> 父亲，为什么接班人是李治？

李泰
> 父亲，我也不服气！

武则天
> 如果你们接班，其他兄弟还能活吗？

李世民
> @武则天 这是我们李家的事，没你说话的份儿。

李治
> 父亲，我多次说过不想接班，您看现在……

李世民 
> 朕说你行，你就行，不行也行。

李世民

> 安排 必须安排

李治
> 🤐🤐🤐🤐🤐

一句话知识点

李世民坚持让第九子李治接班，李治善良体弱，造成身后武则天改"唐"为"周"的局面。

宋太祖赵匡胤：从黄袍加身到离奇死亡

宋朝开国皇帝宋太祖赵匡胤是典型的武将夺权。他精心策划了政变，又怕别人骂他，就演了一出"黄袍加身"，好像是被逼上皇位的。

当时正是五代十国的分裂时期，平均每几年就有新政权出现，其中一个王朝叫后周。后周有个能攻善战的将军，名叫赵匡胤。

他20岁离家闯荡，33岁创业成功，缔造中国历史上的繁华王朝——宋朝。绝对的人生逆袭。

国学大师陈寅恪曾评价说，华夏民族之文化，历数千年之演进，"造极于赵宋之世"。

知识点

五代十国

唐朝灭亡后，北方黄河流域先后出现后梁、后唐、后晋、后汉、后周5个政权，南方地区出现吴、南唐、吴越、前蜀、后蜀、楚、闽、南汉、南平9个政权，再加上北方割据太原的北汉，史称"五代十国"。

五代十国是唐末以来藩镇割据局面的延续，开国君主都是掌握兵权的武将。公元960年，赵匡胤建立宋朝。公元979年，宋朝灭北汉，结束五代十国的分裂局面。

1

公元960年，正月初三的深夜，33岁的赵匡胤在卧榻上翻来覆去睡不着。虽然夜凉如水，他却浑身燥热。

黄色的龙袍，正在烛光中熠熠发光，就像对他眨着充满诱惑的双眼。兴奋、紧张、焦虑、恐惧……种种情绪前所未有，如排山倒海，冲击着他的血肉和神经。

他知道，不久之后，改变历史的一幕将会发生。

当东方泛出鱼肚白的时候，他"被迫"披上了黄袍。

"万岁，万岁！"众将士的吼声响彻陈桥的山谷。这声音，他一辈子也无法忘记。

这里离都城开封只有大约20公里，他怀疑这声音随着北风，已经传遍了开封的每个角落。

面对众将士的激昂，他表现得一脸懵懂，似乎不知道发生了什么事。

"你们这帮家伙，自贪富贵，立我为天子……"他表情扭捏，内心却狂喜。

为了这次兵变，赵匡胤和同伴们足足准备了半年。

他们做得很隐蔽，因为一旦事败，必遭灭族。终于，他如愿得到了这件黄袍。

袍子做工精致，上面绣有龙。

他难以置信，创业竟然这么容易就成功了，毕竟自己才33岁。

> 我想永远披着这身衣服。 ——赵匡胤

> 陛下，现在可以脱下龙袍睡觉了。 ——士兵

2

深夜，他开始重温过去的岁月。

公元927年3月21日，赵匡胤出生于洛阳一个军人家庭。父亲赵弘殷善于骑射。赵匡胤是赵弘殷的第二个儿子。

赵匡胤还有个小名"香孩儿"。相比读书，他更喜欢骑射和练武。

他少时就到少林寺学武,并表现出过人的天赋,为此后的戎马生涯打下了良好的基础。

自后汉初年开始,赵匡胤胸怀大志,外出闯荡。虽然其中有波折,但最后还是开启了开挂的人生。

他运气特别好,民间流传着好几个关于他运气好的故事。

从少林寺回到洛阳,小赵曾驯服一匹烈马。当时马跑到城楼的斜道,小赵的额头重重地撞上门楣。

这种情况,一般人的头颅早就撞碎,小赵却毫发无伤。他一个鲤鱼打挺,从地上爬起来,掸了掸灰尘,又爬到马上去。

还有一次,他与韩令坤在一间老旧的房子里玩,忽然听到屋外有麻雀打斗,他们就出去捉麻雀。结果他们出门后不久,房子就塌了。

神奇吧!

3

赵匡胤能上台,要感谢一个人,他的名字叫柴荣。

柴荣是后周的皇帝,军事强人,有着统一天下的理想。他曾立志"以十年开拓天下,十年养百姓,十年致太平"。

可惜的是,他只拼了6年,便在北伐的路上染病而死,年仅38岁。

有人说,柴荣如果多活几年,成就堪比汉高祖刘邦。

临终前,柴荣将6岁的儿子柴宗训托付给赵匡胤,赵匡胤当时掌握着后周最精锐的部队。

这可不是一般的信任。

大家以为赵匡胤一心为公,绝不徇私。

一次,他的父亲赵弘殷出差外地,很晚归城。守城的赵匡胤死活就是不开门,让父亲在城外冻了一整夜。

赵匡胤对守城将士说:"父子诚然是至亲,但是城门开关是国家的事情。"

从此,大家都知道他是一个死脑筋,不可能为了利益放弃自己的原则。

大家都看错了,尤其是柴荣,其实赵匡胤是当时天底下最大的阴谋家。

看看他是如何完成最后一击的。

公元960年,除夕刚过,"情报"显示,北汉与辽联兵犯边。

皇帝年幼,放现在也就读小学一年级,主事的符太后没有见识。

权倾朝野的殿前都点检、归德军节度使赵匡胤得偿所愿，受命率大军前往御敌。

这是个假情报，北汉与辽军来犯，纯属乌有。

可供佐证的理由有四。

一是陈桥兵变后，老赵登基，他再也没提及出兵一事（后来他对历史曾有一句交代，"辽兵自行遁去"）。

二是兵变当天，所有目击者都看到，木箱里的黄袍叠得整整齐齐（无仓促迹象）。

三是兵变次日，赵老师发出一篇感天动地的全国通告，里面有很多比喻句和排比句，看上去没有1个月是写不出来的。

> 四是有人查了辽朝的年鉴,当年并无南下的作战纪录。

这可能是历史上最平稳的一次夺权,堪称兵不血刃。

正月初四拂晓时分,赵匡胤披着黄袍,走出大帐,面前早已站满乌泱泱的将士。

参与的人,有他的弟弟赵匡义(后改名赵光义),有他的左臂右膀赵普、石守信,还有高怀德、张令铎、王审琦、张光翰、赵彦徽等大将。

四周的刀剑发出温和的光芒。

抬头一看,鹅蛋黄般的太阳刚爬出地平线。

黄色,是他现在最喜欢的颜色。

4

赵匡胤变身宋太祖后，倒是很厚道。

在他的要求下，这种厚道得到了延续——大宋 300 多年间很少杀功臣（杯酒释兵权），也很少杀谏官和士大夫。

可以说，他是一个能与所有人做朋友的人。

如果皇帝俱乐部里也有"民意测评"，那宋太祖应该会名列前茅。

有人这样评价赵匡胤——他疾恶如仇，宽仁大度，虚怀若谷，好学不倦，勤政爱民，严于律己，不近声色，崇尚节俭，以身作则。

这些好词几乎每个帝王都想用在自己身上。

他是一个江湖高手，最擅长使用的是拳法和棍法，《水浒传》开篇就称赞他"一条杆棒等身齐，打四百座军州都姓赵"。

著名的京剧曲目《千里送京娘》，讲述的是赵匡胤仗义护送遭难的年轻女子赵京娘回乡的故事。

孤男寡女的，很容易出事。旅途之中，京娘果然对老赵心生爱慕，想要托付终身，但赵匡胤认为这么做不地道，是乘人之危，毅然拒绝了京娘的感情，最终两人结拜为兄妹。

黄袍加身之后，赵匡胤并没有像以往的开国君主那样，血洗前朝皇族，而是兵不血刃地改朝换代。

对于后周皇族，表面上他也是礼遇有加。

他封周世宗柴荣的儿子柴宗训为郑王，其母符太后为周太后，并赐予丹书铁券，保柴氏一族永享富贵。

他果断实行重文轻武的政策，有意重用文臣掌握军政大权，彻底扭转了唐末以来用拳头说话的风气，杜绝了武将跋扈和兵变政移情况的发生。

他的子孙几乎都很文艺，这使宋代的文化空前繁荣，后人赞誉说，"宋朝是文人的乐园"。

知识点

杯酒释兵权

宋太祖赵匡胤为防止历史重演，采纳赵普的建议，决意解除石守信、王审琦等禁军大将的兵权，于是在宫中设宴。酒兴正浓时，宋太祖表示自己当上皇帝全靠他们，可现在他整夜都睡不安宁，担心如果有一天，他们也被部下黄袍加身，也会身不由己。众将知道受到猜疑，便请宋太祖指一条明路。宋太祖让他们回家置产，享受清福。第二天，这些大将纷纷称病辞职，交出兵权。

据说赵匡胤有条遗训——"不得杀士大夫及上书言事人"。虽说史学界对此有争议,但是这是大宋王朝一条不成文的规矩。如果无此护身,后来也许很难出现苏轼、苏辙、王安石、范仲淹、欧阳修、辛弃疾……

史学家赵翼评价说,"宋太祖以忠厚开国,未尝戮一大将"。

据说,在陈桥兵变时赵匡胤的要求是"不得有秋毫犯"。王彦升虽然是拥立自己的人,但是对于他杀害准备组织抵抗的后周侍卫亲军将领韩通,赵匡胤心里很不高兴。

他的这种"善",也是他卓越的政治才能。

宋太祖赵匡胤：从黄袍加身到离奇死亡

5

可惜的是,这位皇帝死得有些不明不白。

历史上一直流传着"烛影斧声"的故事,故事的主角是赵匡胤和他的弟弟赵光义。

赵光义当时是晋王,职务是开封府尹,这个职务是皇位继承人的身份标配。

为什么赵匡胤的继承人是弟弟赵光义?他为何不传位给自己的儿子?

赵匡胤有两个儿子。大的名叫赵德昭,26岁。小的名叫赵德芳,18岁。

据说赵匡胤当皇帝的第二年,老母亲的生命就走到了尽头。临终前她让赵匡胤承诺,由赵光义做皇位继承人。对于母亲的叮嘱,赵匡胤一口答应。

后来民间出了一个叫张守真的道士,据说有判断福祸的能力。他自称有神谕:天上宫阙已成,玉锁开,晋王有仁心。

这话说得有点儿太直接了,有人说这是赵光义跟张守真串通好的。

那天晚上,赵匡胤请弟弟赵光义入宫,把太监、宫女全部赶出去,兄弟俩在屋里喝酒聊天。

众人远远看到屋内烛影摇曳，赵光义不时离席站起，看起来好像在推却躲避。

赵匡胤把手中的柱斧戳地，大声对赵光义说："好为之。"

第二天，宋皇后发现赵匡胤去世，连忙派太监王继恩去把皇子赵德芳找来。她还是希望自己的儿子继位当皇帝，但王继恩带过来的是晋王赵光义。

不久，赵光义即位，成为宋朝第二位皇帝，庙号太宗。

"烛影斧声"的故事是历史上的一个谜团。赵光义是否杀兄夺位，看来只有他们兄弟俩知道了。

宋太祖赵匡胤：从黄袍加身到离奇死亡

穿越的微信大剧场

< 聊天信息（149）

| 赵匡胤 | 柴荣 | 柴宗训 | 赵弘殷 | 赵光义 | 宋皇后 |

| 赵京娘 | 赵德昭 | 张守真 | 赵普 | 石守信 | ＋ |

查看更多群成员 ＞

群聊名称	大地在朕脚下 ＞
群二维码	＞
群公告	＞
备注	＞
查找聊天记录	＞
消息免打扰	〇

退出群聊

大地在朕脚下（149）

赵匡胤
> 现在，天下终于姓赵了。

赵普
> 吾皇万岁！

石守信
> 吾皇万万岁！

赵匡胤
> 快平身！两位卿都是大宋的肱股之臣。

柴荣
> 还要不要脸

柴荣
> 亏得我那么信任你！

赵匡胤
😳 老柴，我也是被逼上皇位的。

赵匡胤
真的。再说我对你的后人不错的。

赵匡胤
不信你问@柴宗训

柴宗训
嗯嗯嗯

柴荣
孩子，如果你被胁迫了，就眨眨眼。

柴宗训
😲😲😲

一句话知识点

赵匡胤是后周的将领，朝廷派他北上抵抗辽与北汉联军。军队行至陈桥驿时，部将拿出预备好的黄袍披在赵匡胤的身上，叩头便拜，口称"万岁"，赵匡胤就这样当了皇帝。

赵德昭
爹爹，为什么不选我接班？@赵匡胤

赵匡胤
一言难尽……

宋皇后
那天晚上到底发生了什么？

赵匡胤
一言难尽……

赵弘殷
对这事我也充满了好奇。

赵弘殷
@张守真 你来说说。

张守真
天机不可泄露……

赵光义：都是姓赵的天下，一定要弄得那么清楚吗？

宋皇后：人命关天，何况他是一国之君……

赵光义：我只知道，自己也有机会当皇帝了。

赵光义：

哥要火了

一句话知识点

赵匡胤得天下不明不白，死因更是一个千古之谜。

宋仁宗赵祯：一个厚道的皇帝

1

在中国历史上,有位皇帝就像邻家大哥一般可亲,他就是宋仁宗赵祯。

在宋朝的皇家教育里,也有厚黑学和驭人之术,但与某些朝代相比,已经非常仁慈平和了。

而且,宋朝优待士大夫,这是公认的事实。在这个朝代,权力似乎变得温柔起来。

这让宋朝成为中国历史上比较特殊的一个朝代。

宋朝的皇帝都挺有文艺细胞的,比较注意做事的艺术,赵匡胤当年"杯酒释兵权"就是典型的一例。

用两个字形容,就是"厚道"。

在这方面,作为宋真宗的第六子(他的5个哥哥都夭折了)、大宋第四任董事长,宋仁宗赵祯做到了极致。

他12岁登基,一直干了41年,是大宋王朝在位时间最长的皇帝。

2

说到宋仁宗，关于他比较知名的故事是"狸猫换太子"。

这出著名的剧目传奇又精彩，最早出自元杂剧《金水桥陈琳抱妆盒》，后来被写进明代小说《包公案》卷七的《桑林镇》、清代小说《三侠五义》等。

核心的剧情就是，宋真宗时期，刘妃（原型为刘娥）与内监郭槐合谋，以剥皮狸猫调换李妃（原型为李宸妃）所生婴儿，李妃因此被打入冷宫。宋仁宗赵祯即位后，包拯受理李妃冤案并为其平冤，迎李妃还朝。

当然，这是民间故事，并非史实。

不过，在已经成为太后的刘娥去世前，宋仁宗一直不知道自己的亲生母亲是李宸妃。刘娥是个强势的女人，作为宋朝第一个临朝称制的女主，她的霸气和权力欲可想而知。

宋仁宗一直生活在她的阴影之下，这对他谨小慎微、待人和善的性格的养成，可能也有影响。

据说他曾多次向某学者请教《周易》，开头第一句就是"我总是打扰你，真是不好意思"。

很多人还知道这样一个故事：包拯在为官期间，曾多次跟他当面理论，唾沫星子都飞溅到他脸上了。

在别人看来，这算是皇威尽失了，大臣竟然可以在皇帝面前这样发脾气、发神经。

可是，宋仁宗不介意，一边微笑，一边以衣袖擦脸，最后还接受了包拯的合理化建议。

范仲淹

憎恨伤不了别人一根汗毛，反而把自己的日子弄成炼狱。

宋仁宗

太后伤害陛下那么久，陛下不恨他？

③

宋仁宗之胸怀，在宋朝皇帝里可以说是最宽广的了。历史上还有几则关于他的小故事。

一是1061年，苏辙参加制科殿试，在考卷里从私生活和治理朝政两方面批评了宋仁宗：宫中美女数以千计，只知饮酒作乐；既不关心百姓疾苦，也不跟大臣商量治国安邦大计。放在其他朝代，苏辙的脑袋多半要搬家，但他运气好，遇到宋仁宗。宋仁宗表示，这次殿试本来就是要欢迎敢言之士。苏辙如此敢于直言，不正是朝廷需要的人吗？最终，苏辙与兄长苏轼均榜上有名。

二是四川有个牛气文人献诗成都知府，"把断剑门烧栈道，西川别是一乾坤"，鼓动四川割据独立。成都知府赶紧上报朝廷。宋仁宗一眼看透，说，老秀才要官耳，不足治也，给他个小官。

三是大臣张知白说话从来不避讳。有一天，宋仁宗找他谈话，说他孤单的原因是说话太直，不懂得迂回。张知白硬生生回了一句："臣非孤寒，陛下才孤寒。"张知白的话戳到了皇帝内心的痛处，因为几个皇子都夭折了。但宋仁宗没有较真，更没有降罪，张知白继续做台谏官。

四是宰相夏竦去世，宋仁宗很痛惜，大方地给他赐了个谥号"文正"。要知道，"文正"谥号并不是什么人都能用的，很多大臣认为夏竦人品不正。刘敞更是上疏质问皇帝，"谥者，有司之事也"，认为"陛下侵臣官"。宋仁宗很不好意思，最后把夏竦的谥号改成了"文庄"。

知识点

"文正"谥号

在中国历史上，能够博得"文正"这个谥号的人，大都是当时朝廷高度认可和文人交相赞誉的国之重臣。

"文正"这个谥号在唐代作"文贞"，宋代承袭唐制，将"文贞"这一谥号传承下来。到了宋仁宗执政时，为了避皇帝名讳，将"文贞"改为"文正"，司马光对此的解释是"文是道德博闻，正是靖共其位，文正是谥之极美，无以复加"。获赠"文正"谥号几乎是对古代文官的最高评价和最大褒奖。获得之人确实既博学多才又政绩显赫，大多名垂后世。

那么有权力的人,却那么厚道,几乎是前无古人,后无来者。

有人说,宋仁宗"百事不会,只会做官家",政事无论大小,都交给廷臣公议,议出一个结果再施行。也有人说,这正是宋仁宗的高明之处。

很多人在研究一个问题,为什么宋朝能出包拯,能出欧阳修,能出晏殊,能出柳永,能出范仲淹,能出苏轼……

很简单,因为出了宋仁宗这样的皇帝。

4

宋仁宗的眼光很毒。

仅凭一篇策论,他就判断苏轼兄弟大有前途,按捺不住内心的兴奋,对皇后说,"又为子孙得太平宰相两人"。

历史上有"仁宗养士,三代受益"的说法。

这么说,很贴切,没毛病。他对人才,简直是溺爱和纵容。有他的宽容,大宋的人才密密麻麻地生长起来,茂盛葳蕤。

像婉约派词人柳永那种人,自由散漫,敢于讽刺最高权力。如果没有一个宽容的环境,他的日子要难过得多。

嘉祐二年(1057年)的科举考试,号称"史上最牛科考",

实现人才大丰收。

可以说，宋仁宗时期的人才多得有些泛滥。

政治方面

范仲淹、吕夷简、杜衍、包拯、韩琦、富弼、文彦博、狄青、张方平、范镇、吕惠卿、宋庠、曾布、章惇、王安石、司马光……

文化科学方面

苏洵、苏轼、苏辙、曾巩、欧阳修、柳永、晏殊、宋祁、梅尧臣、苏舜钦、张载、周敦颐、程颢、程颐、沈括、宋敏求、范祖禹……

是不是看得眼睛都花了？

这些人大都比宋仁宗有名。而且，他们的光和热不仅发挥在宋仁宗时期，在后来的宋英宗、宋神宗、宋哲宗、宋徽宗时期，有些人依然光芒万丈。

这正是宋仁宗可骄傲之处。

他完全可以仰天说一句——我愿意为这些牛人做背景！

还有，唐宋八大家有6位生活在宋仁宗时期；世界上最早的纸币（交子）出现在宋仁宗时期；中国古代四大发明，有3项在宋仁宗时期出现或得到大规模的实际应用。

宋仁宗赵祯：一个厚道的皇帝

5

赵祯是一个不安于现状、有着忧患意识的皇帝。他的心里，一直想着变革的那些事儿。

事实上，宋朝自建立到宋仁宗时期，在经济增长的同时，社会危机也在累积。

一是土地兼并严重。全国土地集中在少数人手里，大量农民失去土地，造成"富者有弥望之田，贫者无立锥之地。有力者无田可种，有田者无力可耕"的局面。

二是群众税赋沉重。除了基本的夏税和秋税，还有丁税、夫役和差役等。

三是农民起义不断。公元993年，王小波在四川发动起义。在王小波受伤牺牲后，李顺在成都建立"大蜀"政权。公元1000年，王均起义爆发。

四是外敌侵扰压力大增。宋朝建国后，与北方的契丹族（建立辽政权）、西北的党项族（建立西夏政权）连年发生战争，战争大多以失败告终。后来，宋朝先后与辽和西夏议和，每年给他们岁币。

外部有辽夏威胁，内部农民起义不断，并且存在日益严重的土地兼并和冗官、冗兵、冗费现象，宋仁宗多次以"天下事责大臣"，要求大臣们拿出一个使天下太平的方案来。

庆历三年（1043年），宋仁宗授范仲淹为参知政事，又提拔欧阳修、蔡襄为谏官，让他们准备改革之策。

范仲淹不负众望，提出10项改革主张，即"明黜陟、抑侥幸、精贡举、择官长、均公田、厚农桑、修武备、减徭役、覃恩信、重命令"，也就是澄清吏治、改革科举、整修武备、减免徭役、发展农业生产等。

对于改革官员上疏言事，宋仁宗大都予以采纳，并在全国颁布实施。

这场由范仲淹主持的改革，史称"庆历新政"。

新政通过严格考核，使大批碌碌无为或贪腐的官员被淘汰，一批务实能吏被提拔到重要岗位，政府行政效能提高，财政、漕运等状况有所改善，萎靡的政局开始有起色。

但是很可惜，新政触犯了贵族官僚的利益，遭到他们的极力阻挠。

庆历四年（1044年），范仲淹、富弼等人分别被罢政外放，新政失败。

这场改革虽然失败了，但宋朝的统治局面已经为之焕然一新，开了宋朝改革风气之先，成为王安石变法的前奏。

6

宋仁宗赵祯的身体一向不好。46岁的时候，据说他在接受文武百官参拜时，忽然手舞足蹈，口出涎水。

同一天，他在紫宸殿接见辽国使者，一度语无伦次，在场的宰相文彦博对客人解释说，皇帝这几天喝多了。

宋仁宗身体底子如此，后来又连失三子（赵昉、赵昕、赵曦），身体更是大受打击。

皇子早夭令他心神大伤，甚至出现有人冒充皇子的情况，虽然事情被严肃处理，却加重了宋仁宗的病情。他只能感叹：自己如此仁厚，为何皇子那么少，而且没有1个活下来！

早在1035年，在皇太后杨氏的介入下，年仅3岁的赵宗实被接入皇宫抚养。这个孩子是宋太宗的孙子赵允让的第十三个儿子，虽然后来因为有皇子出生被送出宫，但是在1062年，宋仁宗正式立赵宗实为皇子，赐名曙，这就是后来的宋英宗。

继承人的问题解决后，宋仁宗心情大好，免不了多喝几杯，情绪异常亢奋。他曾对大臣们说："如今天下太平无事，朕欲与众卿共享今日之乐，一醉方休。"

不久之后，宋仁宗旧病复发。1063年4月30日，他病情加重至不能说话，当晚去世，终年53岁。

历史上，大家对宋仁宗的评价非常高。

不可一世的清朝乾隆帝自称"十全老人"，在晚年郑重地选出自己的三大偶像。

第一个是自己的爷爷康熙帝。这个可以理解，据说他自己就是隔代指定的。

第二个是唐太宗李世民。老李是皇帝们的大众偶像，这个也差不多。

第三个便是宋仁宗赵祯。

是不是很耐人寻味？一个厚道的人，总是越来越发光的。

穿越的微信大剧场

聊天信息（256）

| 宋仁宗 | 宋真宗 | 刘娥 | 李宸妃 | 包拯 | 欧阳修 |

| 晏殊 | 范仲淹 | 富弼 | 文彦博 | 苏轼 | + |

查看更多群成员 >

群聊名称	朕劝你厚道 >
群二维码	>
群公告	>
备注	>
查找聊天记录	>
消息免打扰	⬤

退出群聊

朕劝你厚道（256）

宋仁宗：范卿，朕交给你的任务完成得怎么样了？

范仲淹：臣正在抓紧做PPT（微软公司的演示文稿软件）……

范仲淹：朝中那么多大臣，陛下多关注他们啊。

宋仁宗：唉，多数资质平庸，不堪大用。

宋仁宗：这双眼看透太多

范仲淹：陛下，这是……

宋仁宗：告诉你一个好消息，我看上你了

一句话知识点

宋仁宗一直想改革，使国家更强大。他认为范仲淹是他的不二选择。

欧阳修：大宋承平无事，人才辈出，实乃国家之福。

宋仁宗

欧阳卿,你想说什么?

文彦博

很明显,首功归于陛下。❤❤❤

富弼

首功归于陛下。❤❤❤

晏殊

首功归于陛下。❤❤❤

包拯

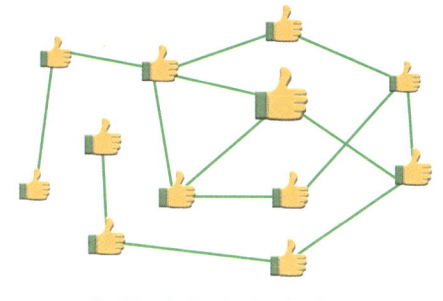

去中心化分布点赞

宋仁宗
> 包老黑，连你也出来凑热闹……

范仲淹
> 🙈🙈🙈

包拯
> 这种热闹，臣喜欢！

宋仁宗
> 范卿又在笑什么？

范仲淹
> 据统计，这是包拯多年来第一次高度肯定别人。

一句话知识点

宋仁宗的厚道，不仅传名后世，而且是当时大臣们的共识。

成吉思汗：世界『國土一哥』

根据历史记载，成吉思汗及其后继者统治的国土面积大得有点儿吓人——稳定时期超过 3500 万平方公里。

人们对"只识弯弓射大雕"的他既爱又恨，称他为"世界的鞭子"。

用一句话介绍他的一生，就是少年命运坎坷、青年征战四方、中年创建统一帝国。

1

成吉思汗于 1162 年生于漠北草原斡难河上游地区（今蒙古国肯特省），他的名字叫铁木真。这个名字具有纪念意义，因为他的父亲也速该刚好打败了一个叫铁木真兀格的人。

铁木真的幼年生活环境十分恶劣，本来在草原上就漂泊不定，到处是狼，还经常会遇到各种敌人，冲上来就要命。

总之，草原是奉行丛林法则，喜欢用拳头说话的地方。

那时候，草原最大的"拳头"来自金朝。作为大哥，欺负别人是他们的本能。由于金朝控制的地方太大，他们采取的是"分而治之"和"减丁"政策。

对于敢反抗者，他们大搞恐怖手段。比如金熙宗曾将蒙古部的一位首领俺巴孩汗钉死在木驴上，理由是"叛乱罪"。

但世间万物，都有盛衰。在金朝官员醉生梦死的时候，蒙古草原正悄然崛起千年难遇的天才首领。

想打几次胜仗，靠勇猛；想百战不殆，还得靠脑子。

铁木真的脑回路，跟其他人不一样。他的目标也很远大，那就是统一草原。

铁木真最初"秀肌肉"的动机很单纯——他要自卫，确保在血腥的草原上不被人杀掉。事实上，他的父亲就是死于混乱。

18岁时，铁木真的新婚妻子被人抢走，"抢亲"在草原上很常见。铁木真咽不下这口气，勇敢上阵，抢回老婆。

他发现自己很有战斗天赋，顺理成章地升级为征服者。

成吉思汗：世界『国土一哥』

2

铁木真是 13 世纪蒙古草原的王，但他要崛起称霸，还需要过一关，那个对手叫札木合。

也就是说，札木合是铁木真统一蒙古草原最大的绊脚石，可同时也是最好的磨刀石。

一个人不经过磨炼，不遭遇逆境，不遇到可怕的对手，怎么能收获经验，实现成长？

在儿时的一次野外狩猎中，铁木真遇到与他年龄相当的札木合。由于太投缘，两人很快就结为安达（汉语中"兄弟"的意思）。

烈火见真金，最能考验两人感情的，就是上面提到的铁木真抢回媳妇的那场血战。

1180 年，铁木真的新婚妻子孛儿帖被蔑儿乞人掳走，铁木真只得求救于义父王汗和兄弟扎木合，在他们的帮助下，突袭蔑儿乞部，并大获全胜。

那段时间，铁木真和札木合绝对是亲兄弟。可惜后来两人还是反目了。

扎木合内心高傲，优柔寡断，多疑善变，这是他的性格缺陷，他最终命丧于此。

而铁木真完全不一样，在血与火中成长起来后，他成了一个刚强而有进取心的巨人。

两人都有统一蒙古草原的伟大理想。为了避免不愉快，铁木真带着族人不辞而别。

紧接着，札木合的弟弟在偷马的时候，被铁木真麾下的一名士兵射杀。札木合红了眼要复仇，率领札答阑、泰赤乌等13个部落，组织了3万大军，发动了著名的"十三翼之战"。

铁木真最大的优势，就是勇气。

他也组织了3万人，分成十三翼，一对一正面迎击扎木合的十三翼，这便是"十三翼之战"。

这决定未来草原霸主的一战，过程很有意思。

战斗的双方实力悬殊。在铁木真因实力不敌而败退后，扎木合突然想到一个损招，命人在两军阵前支了70口大锅，下面是熊熊燃烧的柴火，里面是滚烫的开水，把抓到的所有支持铁木真的俘虏都扔进了大锅。看到如此残忍的场面，不光铁木真一方不忍直视，就连扎木合的属下也心惊肉跳。

傲慢的扎木合欣赏着酷刑，却浑然不知他已经犯下了最大的错误：眼见扎木合如此残暴，联军纷纷对他产生厌恶——很多人开始有了投奔铁木真之心。

……………

结局是戏剧性的：扎木合赢得了战斗，却失去了人心；铁木真收获了人心，增强了实力。

铁木真与扎木合的恩怨情仇还在继续。

在一次战斗中，扎木合战败被俘，铁木真念及旧情，将他送至王汗帐下。

但是扎木合并不安分，又投靠了乃蛮部太阳汗。在铁木真打败太阳汗时，扎木合又一次被抓。

这一次铁木真没留情面，因为扎木合的一句话深深地刺激了他。

"我是一根针，你这次不杀我，我迟早会杀你。"

1204年，扎木合卒。铁木真成为蒙古草原最大的统治者。

3

铁木真的前半生，真的很悲惨。帮助他崛起的贵人，除了兄弟札木合，还有一个长辈，那就是他的义父、克烈部的首领王汗。

克烈部是一个很古老的部落，在金朝时期，克烈部成为蒙古草原实力最强的部落。

王汗是克烈部的末代首领，被金朝册封为王。

如果前期没有王汗的帮助，铁木真想在群雄并起的草原上脱颖而出，成就霸业，几乎是不可能的。

而王汗真正帮助这个义子，是在铁木真的妻子孛儿帖被蔑儿乞人抢走之后。

在铁木真与札木合的生死决斗中，王汗前期都站在铁木真这一边。

王汗甚至曾决定让铁木真做自己的继承人，想在自己去世后把所有土地都交给铁木真。

王汗帮助铁木真的理由何在？

有人说是因为王汗和铁木真的父亲也速该是安答，毕竟早年也速该曾帮助王汗击退过他的叔叔菊儿汗，让他重新坐上汗位。

不过，王汗的凶残是出了名的，他的人缘也不怎么好。

可这样一个人，对铁木真还是拿出相当的真诚和温情的。在几次战争中，王汗不遗余力地帮助铁木真。

但是，随着形势的发展，两人的关系悄然发生变化。当蒙古草原出现"两强鼎立"的时候，王汗对铁木真的猜忌达到了顶峰。

王汗和铁木真反目成仇，一个很重要的因素是桑昆的怂恿。桑昆是王汗的儿子，一直不服铁木真。

1203年，在札木合和桑昆等人的鼓动之下，克烈部进攻铁木真的乞颜部。

意外的铁木真根本没有准备，被打得只剩下4000多人，而一路跟随铁木真逃到班朱尼河畔的将领只有19个。

铁木真与王汗的关系已经从父子变成了你死我活。

在慢慢恢复元气后，铁木真决定先下手为强。为了麻痹王汗，他派弟弟合撒儿向王汗诈降。

王汗及手下很是高兴，开怀畅饮，却不知危险正在走近，当晚部众被袭。

王汗被彻底击败，逃到乃蛮部。可惜他的运气不好，被乃蛮的哨兵杀害。

克烈部就此灭亡。

4

1206年，铁木真完成蒙古草原的统一，在斡难河建立蒙古政权，他被拥立为大汗，被尊称为"成吉思汗"。"成吉思"在蒙古语中是大海的意思。

成吉思汗之所以在乱世中脱颖而出，主要有以下几个原因。

一是军队作战，智库先行。成吉思汗虽然没怎么读过兵书，但他很重视军队参谋部建设。对于很多事，成吉思汗有权独断但不专行，经常召开战时会议，大家一起商量决定。

二是兵种武器，两翼齐飞。蒙古族兵本以骑兵起家，但成吉思汗从不满足于这一点。在他的力推下，在军营中，步兵、弓箭手、炮兵等兵种一应俱全。

而且，他们拥有大量可怕的武器（据说成吉思汗组建了世界上最早的炮兵部队）。而他们的看家本领，是将一把寒光闪闪的砍刀挥舞得出神入化，令人心惊胆战。

最关键的是，成吉思汗的军队还拥有世界上一流的军需物流系统，总能第一时间把物资和武器运到任何一个需要的地方，让将士们没有后顾之忧。

三是强将如云，所向披靡。蒙古军队有四大虎将，即忽必来、者勒蔑、哲别、速不台，成吉思汗骄傲地称他们为"四狗"。

除此之外，成吉思汗还有四杰、四弟、四子、四养子，都是招之即来，来之即战，战之则胜的猛将。有这样的阵容，想不成功都难。

法国的拿破仑就曾酸溜溜地说，成吉思汗有4个能打的儿子，他没有。

知识点

成吉思汗壮大蒙古政权

成吉思汗建立蒙古政权后，建立了军事、行政和生产相结合的制度，把蒙古人按编制组织起来，平时生产，战时出征。他还组建了1支有1万人的护卫部队，建立司法机构，创制蒙古文字。这些措施促进了蒙古族的发展与壮大。

成吉思汗也有苦恼——他再强大，也打不过时间，他一直在寻找人生的意义和归宿。

在一次打仗回城后，他见到了著名的长春真人——道教全真派的"扛把子"丘处机。

有学者高度评价这次见面，称之为"给西征送去的一股清风"。

如果没有邱道长，这个世界估计会有更多的杀戮。不得不说，两人见面的时间太晚了。

> 鬼谷子不是说过嘛，心软之人，便是无福之人。

> 大汗心真硬，杀那么多人。

5

很多人将成吉思汗奉为人生偶像，觉得他不仅是一个征服者，更是一个有组织能力的领袖。

俄国将军以葛那吉夫对成吉思汗佩服得五体投地，他说:"横览宇内,历年之少,而开拓疆土之广大,如成吉思汗者,千古所未尝见也。"

有学者认为,成吉思汗并没有人们想象中的那么残忍,他希望用和平的方式解决问题,和平无望,只能付诸刀剑。

而且,他禁止在军中使用酷刑(使用酷刑,在他那个时代并不少见)。

如果所说为真,那与那些杀戮成性的征服者相比,成吉思汗反而有些厚道了。

1227年8月25日,成吉思汗病逝于六盘山下清水县(今属甘肃),终年65岁。

成吉思汗去世之前,留下"联宋灭金"的遗嘱。

成吉思汗的一生充满神秘色彩,关于他的传说很多。

有人说,古代帝王的长眠之地,最神秘的是秦始皇陵,至今未知其地宫模样。其实成吉思汗的陵墓更神秘,人们连具体地址都不清楚。

现在内蒙古有一个"成吉思汗陵",但里面并没有埋葬这位一代天骄。

穿越的微信大剧场

< 　　　　聊天信息（288）

| 成吉思汗 | 孛儿帖 | 王汗 | 扎木合 | 丘处机 | 术赤 |

| 窝阔台 | 拖雷 | 哲别 | 耶律楚材 | 忽必烈 | ＋ |

查看更多群成员 >

群聊名称	想和地球合个影 >
群二维码	>
群公告	>
备注	>
查找聊天记录	>
消息免打扰	🟢

退出群聊

想和地球合个影（288）

扎木合
铁木真，知道我最讨厌你什么吗？

扎木合

成吉思汗
草原上不都这样吗？要比谁的拳头大吗？

成吉思汗
再说，讨厌我的人多了，你算老几？

扎木合
如果不是我帮你抢回老婆，帮你招兵买马，你会有今天？

> 成吉思汗
> 我至少还有底线。

> 成吉思汗
> 你用铁锅煮活人,那才叫残忍!

一句话知识点

如果前期没有扎木合的帮助,成吉思汗很难成就霸业,他们就是相爱相杀的草原双雄。

> 耶律楚材
> 大汗,您听到谣言了吗?

> 成吉思汗
> 谣言很多,你说的是哪一个?

> 耶律楚材
> 有人说,您重用微臣,是看中了臣的漂亮的大胡子……

> 成吉思汗 
> 嘴巴长在别人身上，让他们说去吧。

> 耶律楚材
> 那，到底是不是真的？

> 成吉思汗 
> 才华很可贵，如果再加上颜值，那不是更加棒棒的？

> 耶律楚材

一句话知识点

耶律楚材被成吉思汗重用，很多人眼红。

> 王汗
> @成吉思汗 在吗？

成吉思汗
我年纪轻轻的，怎么会不在？

王汗
你说草原如果美丽又和平，会是什么样子？

成吉思汗
天天乐呵，大块吃肉，大碗喝酒，不用担心暗杀和抢夺……

王汗
会有那么一天吗？

成吉思汗
会的，但你肯定看不到。

王汗
你以前不是这样的

155

王汗
那你这次，是铁了心要杀义父？

成吉思汗 
我不会，但我不敢保证手下不会，他们太粗鲁。

王汗
你这个忘恩负义的家伙！

成吉思汗

过两招？

一句话知识点

王汗是成吉思汗的义父，曾对他恩重如山，但一山不容二虎，各种因素导致两人最终反目成仇。

明太祖朱元璋：
从和尚到皇帝

1

中国历史上，有机会过皇帝瘾的，一共有 400 多人。

其中有一位，曾经是专业讨饭人，对做和尚也很有经验。一番努力后，他最终成功逆袭，登上皇位。

他就是明太祖朱元璋。

朱元璋出生于 1328 年，地点是濠州（今安徽凤阳），他最初的名字叫朱重八（在家族兄弟中排行第八）。

一看就知道，这名字基本上是瞎取的。贫苦农民家的孩子，很难有一个漂亮的名字。事实上从朱元璋的祖辈开始，他们家就习惯用数字给孩子起名。

朱元璋一家靠什么生活呢？他家只有一个小小的豆腐店，难以养活几口人。于是，朱家去给地主刘德打工，朱重八的职责是放牛。

这一放就是 7 年，没想到小时候放牛的朱重八，后来在人生道路上越来越牛。

在放牛的时候，朱重八交了几个好朋友，包括汤和、徐达和周德兴等，这 3 个人最后也成为明朝的开国功臣。

放牛那些年，他天天睡柴房，乐观和忍耐是他最重要的收获。其实，除了乐观和忍耐，他又能做什么呢？

这种日子还算比较友好，他至少活下来了。

汤和：借点儿钱可以吗？我想买糖吃。

朱元璋：咱俩年龄一样大，你没钱，我就会有吗？

明太祖朱元璋：从和尚到皇帝

2

1343年，朱元璋的家乡发生旱灾。屋漏偏逢连夜雨，第二年，濠州又发生耸人听闻的蝗灾，紧接着是气势汹汹的瘟疫。

直接的后果是，大量百姓死亡。

半个多月的时间，朱家的4个人，即朱元璋的父亲、大哥、大哥的儿子、母亲相继饿死。

还未成年的朱重八满心哀痛，感觉天都要塌下来了。他无钱安葬父母，幸亏邻居刘继祖（刘德的兄长）送给他一小块地。

一番思考后，他决定去皇觉寺做行童。因为活下去越来越艰难，遁入空门，还能有口饭吃。

这种日子也没有坚持太久。大灾之年，皇觉寺也快撑不下去了，只好组织僧人外出乞讨。

朱重八的被分配的路线不太好，乞讨的难度很大。他平时最常干的事情就是，托着一只钵，敲开一扇门，低念佛语，可怜兮兮地看着对方。施主家有没有余粮，要看运气。

这种乞讨的生活大约持续了3年，他主要活动的范围在淮西一带。

虽然过的是颠沛流离的生活，但是对于朱重八来说，是一个社会调研的过程。每到一个地方，他就会了解那里的风土人情，开阔了视野，丰富了见识。

在乞讨中，朱重八也认识了三教九流的人。这个聪明的年轻人隐约找到了人生的方向。

3

元朝末年，政治高压，官吏腐败，社会动荡，民不聊生。元朝实行的四等人制，让元朝的社会矛盾更加复杂，加速了元

朝的灭亡。

知识点

四等人制

在元朝，蒙古贵族成为全国的统治者。为了维护对汉族和其他少数民族的统治，保持自己的特权地位，元朝实行民族歧视政策，将人分为蒙古人、色目人、汉人、南人4个等级。第一等级是蒙古人，他们享有各种特权。色目人是指党项人、畏兀儿人及其以西诸族出身的人们。汉人是指淮河以北原金朝境内的各族人民，以及四川、云南两省的人，除汉族外，还有女真人、契丹人。南人大体是指原南宋统治下的汉族人。4个等级的人在政治、经济和法律上是不平等的。

1344年，黄河暴溢，水灾、旱灾和瘟疫让黄河沿岸州郡的人民死亡过半。

后来，为了摆脱窘境，元朝政府先后变更钞法和组织15万民工开凿新河道，导致民怨更加深重，大规模农民起义爆发。

1351年，韩山童、刘福通组织起义，虽然因消息泄露韩山童被杀，但是刘福通攻占颍州，组建红巾军，声势越来越大。各地纷纷响应，元末农民起义的熊熊大火燃烧起来。

消息传开后，朱重八内心激荡不已。刚好汤和给他写信说：

别忘了落款写我名字。

朱元璋

正好送给马姑娘。

义军战士

"兄弟,我已经参加了起义军,过来一起吧,大碗喝酒,大块吃肉。"

这让朱重八很是动心,谁愿意天天去乞讨?后来听说自己可能被人告发,他果断决定:就开干吧!

如果造反是风口,"我愿意做一头风口下的猪"。

朱重八不仅有随机应变的能力,在战场上冲锋也很勇猛,完全是一幅不怕死的样子。

江淮地区红巾军首领郭子兴很欣赏他,很快将他放到身边,做自己警卫队的负责人,甚至将养女马姑娘嫁给他。这就是日后闻名遐迩的大脚马皇后。她与唐太宗时期的长孙皇后一样，对于丈夫的事业和生活而言，都是非常重要的存在。

为了给人留下一个好印象，朱重八还在这段时间把名字改成朱元璋，字国瑞。

成为郭子兴的养女婿，是朱元璋人生的一个转折点。从此，他的人生步入快车道。

在起义军中，朱元璋收获了自信，还很会团结人。可以说，成为一个超级领导者的各方面的素养，朱元璋都具备了。

后来在消灭各割据势力、终结元朝统治的时候，他身上表现出来的魄力、能力、见识与领导力，完全看不出他是一个没读过书的人。

4

明眼人都看得出来，元朝早就进了 ICU（重症监护室），咽气是肉眼可见的事情。可是，意外出现了——起义军的内讧越来越严重。

濠州城内的 5 个土豪分成了两派，矛盾重重。郭子兴甚至被绑架，性命堪忧。当时的朱元璋已经非常有智慧、有能量，在救下郭子兴后，毅然离开濠州，奔赴更大的天地。

在长期的斗争中，曾经的叫花子、小和尚磨炼出一颗勇敢而强大的心。

朱元璋是个滚雪球的高手，很快将队伍发展到2万余人。他还网罗了一大批谋士，包括李善长、朱升和刘伯温等。

他们的贡献，分别是"明军纪，树形象，取民心""高筑墙，广积粮，缓称王""避免两线作战，各个击破"等。

朱元璋在江湖上的话语权直线上升。

他在不被看好、兵少将寡的情况下，接连打败了张士诚、陈友谅等强大的对手，并在称帝的当年，终结了元朝的统治。

当年的讨饭和尚站在了中国之巅，成为中华大地的最高统治者。

5

1368年，朱元璋在南京称帝，国号明，年号洪武，由此开启为期30年的洪武之治。

穷苦出身的朱元璋深知民间疾苦，知道老百姓的不易。他也目睹了元末赤野千里、尸骸枕藉的悲惨景象。所以，老朱在称帝之后，对老百姓还是不错的。

他轻徭薄赋，与民休息。到1393年，明朝的民户达1605万户，人口达6054万人，垦地面积达850万顷。应该说朱元璋治国有一套。

不过，朱元璋还是没有摆脱封建帝王的局限性。

他进一步集中权力，强化皇权，东厂、锦衣卫、廷杖就是产物。

锦衣卫和东厂都由皇帝直接指挥，主要职责是监视官民。虽然锦衣卫设立比较早，但是由宦官负责的东厂权力更大。明朝历史上，出了好几个手握大权、臭名昭著的太监。

在明朝，有一个很有意思的现象，就是官员被打屁股，这就是"廷杖"。廷杖不是明朝的专利，却在明朝达到使用的顶峰。贪赃枉法的永嘉侯朱亮祖父子就是被朱元璋鞭打致死的，这也开了明朝廷杖的先河。

明太祖朱元璋：从和尚到皇帝

知识点

廷杖

明太祖时，为了提高皇帝权威，采用"廷杖"惩罚大臣。大臣的进谏如果触怒皇帝，或是大臣有过失，就要在殿廷上或午门外受到廷杖的处罚，被锦衣卫用木棍打屁股。大臣们在众目睽睽下被打，有的甚至被当场打死。明成祖曾废除廷杖，明英宗时期又恢复，并在明朝中后期广泛使用。

朱元璋有个被人诟病的事情，那就是臭名昭著的文字狱。

老朱从小没怎么读过书，这导致他与知识分子之间有种天然的隔阂。

有那么一次，为了表达对上级给自己涨工资的感谢，浙江府学教授林元亮写了一篇《谢增俸表》，里面有这么一句"作则垂宪"。可在朱元璋看来，"作则"便是"做贼"，是在讽刺他曾经做过贼。一怒之下，朱元璋杀了林元亮。

据说，朱元璋时期的文字狱有数十起之多。文人们战战兢兢、缩手缩脚，生怕一个不注意就丢了命。

6

朱元璋在位时被人诟病的另一大槽点，便是滥杀功臣，代表作是胡蓝之狱。

胡惟庸是朱元璋的同乡，也是朱元璋的智囊。造反成功后，胡惟庸工作努力，为人也很小心，所以一直做到了左丞相。他对自己也很满意。

一个人自满，就很容易骄傲。老胡也是如此。他的骄横令朱元璋很是不满。

1380年的一天，官员涂节突然告胡惟庸意图谋反。这可是诛九族的大罪。后来在有关部门的审理下，又陆续发现了老胡的很多罪行，不处死不足以平民愤。和老胡有关联的文武官员大多倒霉，前后牵连致死者达3万余人。

眼不见心不烦，传承千年的宰相制也被朱元璋废除，他要彻底忘掉老胡。

胡惟庸是文官，蓝玉则是开国名将。

蓝玉曾为大明朝的建立立下了不朽功勋，在捕鱼儿海之战

中名震天下。但是，这些好像都被朱元璋遗忘了。

当时朱元璋已经65岁，典型的风烛残年，等待继位的皇孙朱允炆只有16岁，没什么资历和手腕。

为了皇权的稳定，朱元璋决定除掉那些骄横跋扈的武将。砍向蓝玉的这一刀，受牵连被杀者约1.5万人。

老朱杀起老朋友，真的毫不留情。

1398年，70岁的朱元璋与世长辞。这个年纪，大约是历代皇帝平均寿命的两倍。

他的另一项纪录，是其位于南京的陵墓（明孝陵）从未被盗，堪称奇迹。

知识点

明孝陵

位于江苏南京紫金山南麓，是明太祖朱元璋与其皇后的合葬陵寝。因皇后马氏谥"孝慈"，朱元璋奉行孝治天下，故名"孝陵"。

明孝陵占地面积170余万平方米，将人文与自然和谐统一，是中国规模最大的帝王陵寝之一。其作为中国明皇陵之首，代表了明初建筑艺术和石刻艺术的最高成就，直接影响明清两代500余年20多座帝王陵寝的形制，在中国帝陵发展史上有着特殊的地位。

穿越的微信大剧场

< 聊天信息（399）

| 朱元璋 | 马皇后 | 朱标 | 朱棣 | 朱允炆 | 徐达 |

| 蓝玉 | 郭子兴 | 汤和 | 胡惟庸 | 刘伯温 | ＋ |

查看更多群成员 >

群聊名称	英雄不问出处 >
群二维码	>
群公告	>
备注	>
查找聊天记录	>
消息免打扰	〇

退出群聊

英雄不问出处（399）

汤和
老朱，现在你应该很感谢我当年劝你造反吧？

朱元璋
叫我"皇上"！

汤和
老朱，你变了。

朱元璋
叫我"皇上"！

汤和
憋着不尖

汤和
当初睡一个被窝，现在我叫不出来。

朱元璋

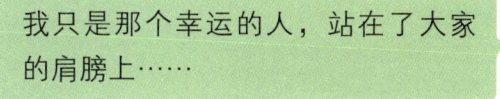

我觉得你对我稍微有点儿放肆了

一句话知识点

朱元璋是个苦出身，当过乞丐与和尚，发小汤和喊他造反，他才迎来人生的转机。

郭子兴
小朱这么有出息，我没看错你。

朱元璋 
我只是那个幸运的人，站在了大家的肩膀上……

郭子兴
看你对我干闺女那么好，我也放心了。

朱元璋 
> 没有她，我不可能君临天下。

朱元璋
> 无赞可赞

马皇后
> 我救了几十个大臣的命……

蓝玉
> 皇后殿下，救命！

胡帷庸
> 皇后殿下，救命！

马皇后
> 帮不了，皇上铁了心要杀你们。

一句话知识点

朱元璋对高级干部毫不客气,大举屠刀,马皇后只能保护有限的人。

马皇后
> 皇上,你杀了那么多武将,万一北方的蒙古人再次南下……

朱元璋
> 怕啥,我已经把他们打得进ICU了。

马皇后
> 我是说如果。

朱棣
> 父皇别担心,您尽管杀吧,打蒙古人有我呢。他们要打到南京,除非从我身上踩过去。

马皇后
那你也会保护允炆?

朱棣
是的。

朱棣
他可是我的亲侄子。

朱允炆
你又骗俺

一句话知识点

朱元璋为了给接班的孙子朱允炆扫清障碍，杀了不少武将，结果等朱棣发动靖难之役时，朱允炆几乎无将可用。

康熙帝⋯
皇帝待机第一名

康熙帝爱新觉罗·玄烨是顺治帝的第三个儿子，顺治帝只爱贵妃董鄂氏，对玄烨的母亲佟氏比较冷漠，也直接影响到他对两人孩子的感情。

玄烨之所以爆冷，被选为接班人，成为清朝第四位皇帝，很重要的一个原因，就是他得过天花，可以躲避这种可怕疾病的侵袭。

虽然得到的父爱比较少，但玄烨很幸运，有一个非常爱他且有着非凡见识的祖母，即中国历史上最知名的女性之一——孝庄太后。

康熙帝在位近 62 年（即 1661 年 2 月—1722 年 12 月），是中国历史上待机时间最长的皇帝。

不仅在位时间超长，他还是最有作为的皇帝之一，开启了中国封建社会最后一个盛世——"康乾盛世"，被誉为"千古一帝"。

1

玄烨即位的时候才 7 岁，可以说，穿上龙袍时，他还是个孩子。

这个小孩面临的形势是怎样的呢？

经过努尔哈赤和皇太极的拼杀，父亲顺治帝的打理，当时的中国基本实现统一。

但是，朝堂的权力都在 4 个辅政大臣手中。他们争权夺利，明争暗斗。

吴三桂、耿精忠和尚可喜 3 个藩王正在暗中坐大，意欲作乱。

玄烨确实是位优秀的皇帝。他的第一刀，砍向了独揽大权的鳌拜。

鳌拜出身将门，精通骑射。早年跟随皇太极征战四方，立下赫赫战功，被誉为"满洲第一勇士"。

皇太极去世后，鳌拜坚决拥立皇太极之子即位，顺治帝在亲政后将其视为心腹重臣，并在临终时指定他为四大辅政大臣之一。

在索尼托病、苏克萨哈势单力薄、遏必隆是"墙头草"的情况下，鳌拜几乎是"想干啥就干啥"，根本没把康熙帝放在眼里。

康熙帝对他来说，只是个小娃娃，但是很快他就被这个娃娃打败了。

为了扭转被动的局面，孝庄太皇太后通过联姻（康熙帝娶了索尼的孙女赫舍里氏为皇后），将索尼拉到自己的阵营。1667年，索尼因病去世。这位资格最老的辅政大臣在去世之前，上书请康熙帝亲政，执掌核心权力。

康熙帝虽然亲政，但还是活在鳌拜的阴影下，于是苏克萨哈上书请求解除辅臣之职，前往遵化守护顺治帝陵寝。

因为索尼已经去世，苏克萨哈在辅臣中排名第一，如果他卸任，那鳌拜、遏必隆按理也要辞职。

苏克萨哈击出的这一拳，招来了鳌拜的疯狂反扑。

鳌拜不愧是整人高手，他给苏克萨哈头上安了24项罪名，包括但不限于心怀奸诈、久蓄异志、欺藐幼主、不愿归政等，要求处其凌迟、族诛之刑。为了让康熙帝下旨，他不断进行威胁。

最终康熙帝不得不将苏克萨哈处以绞刑，并诛其族。

从此，康熙帝与鳌拜的矛盾就公开化了，鳌拜更加肆无忌惮。

好在还有索额图等大臣的支持帮助。1669年，15岁的康熙帝在索额图、黄锡衮、王弘祚的配合下，将鳌拜下狱论罪。

这个过程很精彩，很多影视剧对此进行了演义，只不过这个计划中并没有《鹿鼎记》中的韦小宝，也并非只有十几个少年就可以除掉鳌拜。

背后的总导演是康熙帝。由于鳌拜的党羽到处都是，他制定了周密的行动计划。

这个计划包括暗中训练武士、支开鳌拜亲信、掌握京师卫戍权等。

一切准备妥当，康熙帝即召鳌拜入宫。

看到毫无预感的鳌拜进门，康熙帝一声令下，少年武士们一拥而上。

鳌拜再勇猛，毕竟快60岁了，猝不及防下根本抵不过十几个武士的进攻。

鳌拜被擒后，康熙帝指示议政王对其严加审讯，又将对鳌拜唯命是从的遏必隆一并拿下。以鳌拜为首的权力集团顷刻瓦解。经审讯，议定鳌拜有 30 条罪状，遏必隆有 12 条罪状。

康熙帝念及鳌拜战功累累，为大清王朝做出了很大贡献，而且没有走出谋反那一步，将其革职，抄没家产，进行拘禁。遏必隆被革去太师及一等公爵位。

这位昔日的"满洲第一勇士"在看守所终日狂啸，不久即死去。

15 岁就初露峥嵘，康熙帝令所有人叹服。

此时，他的人生刚刚开挂。

②

清除鳌拜，少年天子康熙帝掌握了实权。他肃正朝纲，恢复内阁制度，颁布《圣谕十六条》。

但是，当时清朝初立，内外形势还是非常严峻复杂。所以，康熙帝一生都在南征北战。

他尤为突出的贡献是，通过大规模用兵，实现了国家统一和边疆地区的稳定。

一是平定三藩之乱

"三藩"都是降清的明将，吴三桂受封平西王，尚可喜受封平南王，耿仲明及其子死后，其孙耿精忠袭靖南王。他们拥兵自重，权势越来越大，俨然成了当地的"土皇帝"。1673年，康熙帝决定撤藩。

平西王吴三桂随即起兵造反，要"兴明讨虏"。对于三藩，康熙帝实行分化政策，坚决打击吴三桂，对其他反叛者实行招抚。吴三桂最终积郁而死。1681年，三藩之乱平定。

二是在台湾建制

民族英雄郑成功在收复台湾的次年去世，其子郑经后来成为台湾的统治者。清朝屡次招抚，均被郑经拒绝，于是清政府的政策由招抚变为进攻。

1683年，康熙帝命福建水师提督施琅出征，于澎湖海域歼灭郑氏军队主力，台湾归入清朝版图。康熙帝认为"台湾弃取关系甚大"，在台设置一府三县的行政机构，即台湾府及台湾、凤山、诸罗三县。

三是稳固边疆局势

天山北路的蒙古族准噶尔部首领噶尔丹是个不安分的人，1688年，他率兵越过天山攻占回部，占领了青海、蒙古的很多地区。

康熙帝3次率军亲征，打败噶尔丹，稳定了西北边疆。

对西藏，康熙帝也实现了有效管辖。1713年，他册封班禅呼图克图为"班禅额尔德尼"。此后，历代达赖和班禅都必须经过中央政府册封。在准噶尔蒙古势力扰乱西藏时，康熙帝派兵入藏，稳定了西藏的局势。

四是打败沙俄

沙皇俄国自建立后，一直在对外扩张。17世纪中期，沙皇俄国的势力侵入我国黑龙江流域。在平定三藩之乱和收复台湾后，康熙帝决心驱逐俄军，收复失地。

1685年和1686年，康熙帝命令清军两次进攻盘踞在雅克萨的俄军，并取得胜利。经过谈判，清政府与沙俄签订《尼布楚条约》，从法律上肯定了黑龙江和乌苏里江流域包括库页岛在内的广大地区都是中国领土。但是，《尼布楚条约》把大片领土让给了沙俄，这是一个历史遗憾。

此外，康熙帝推崇仁政，声称"满汉一体"，笼络汉族官吏和士子。

他设置南书房，开博学鸿儒科，吸收大量学者编撰各种图书，著名的有中国现存的最大一部类书《古今图书集成》、众所周知的《康熙字典》等。

他注意休养生息，发展经济；投入巨资治理黄河、淮河和大运河，防止发生大规模水灾。

康熙帝的工作作风很是硬朗。为了防止被大臣蒙蔽，他经常出京巡视，了解民情吏治。其中最著名的是六次南巡、三次东巡和两次西巡。

这些政策的施行，奠定了清朝兴盛的根基，开启了"康乾盛世"。不过，这个盛世是中国封建社会的最后一个盛世，也是中国封建社会的回光返照。

3

就像前辈秦始皇、唐太宗一样，康熙帝晚年的政坛也出现了很多状况，这些有损他的一世英名。

一是晚年一度懈怠，吏治趋于废弛。有人说，康熙帝死后留下的是一个烂摊子——国库空虚，官吏贪污腐败。年迈的他虽然意识到自己的失误，却已无力纠正，只能留待继任者解决，还好他的儿子雍正帝是个非常勤奋的皇帝。

二是发生了"九子夺嫡"事件。康熙帝这样一个平定天下的皇帝，晚年却被自己的儿子们弄得心力交瘁。

因为此事直接决定康熙朝之后的政局，在这里详细讲一讲。

康熙帝有 35 个儿子，长大成人的有 20 个，其中有 9 人参与储位争夺。

出于对已故皇后赫舍里氏的感情，再加上对嫡子特别的宠爱，1675 年，康熙帝立刚满周岁的二阿哥胤礽为皇太子，对他用心栽培。胤礽聪明能干，但后来变得骄纵蛮横，结党营私，引起康熙帝的不满。

1708 年，康熙帝以皇太子胤礽"不法祖德，不遵朕训，惟肆恶虐众，暴戾淫乱"为由，将其废黜。

此后，皇位继承人引起了很多人的想象，他们明里暗里都在较劲。

大阿哥胤禔是积极夺嫡却第一个出局的皇子。康熙帝一向不喜欢他，在自知无望的情况下，他转而支持八阿哥胤禩。而他对胤礽的杀心，让康熙帝非常失望。

随后，因为加害胤礽，康熙帝圈禁大阿哥胤禔。与他交好的八阿哥胤禩也受到牵连，一度被关押。

1709年，康熙帝恢复胤礽皇太子位，但胤礽实在不争气，3年后又被废掉，从此一直被圈禁到死。

三阿哥胤祉不忍手足相残，主动退出竞争。

太子再度被废后，八阿哥胤禩转而支持康熙帝很喜欢的十四阿哥胤禵（四阿哥胤禛的同母弟），九阿哥胤禟、十阿哥胤䄉是同盟。

四阿哥胤禛本来可以算是太子党，太子二度被废之后，胤禛也对储位产生浓厚兴趣。在大家剑拔弩张，争得你死我活的时候，他以退为进，以不争为争，逐渐获得康熙帝的赏识。他的坚定同盟是十三阿哥胤祥。

最有竞争力的两大势力形成，一个是以胤禛为首的四爷党，另一个是以胤禩为首的八爷党。

1722年，康熙帝病故于畅春园，享年68岁。

当时，八爷党支持的十四阿哥胤禵远在西北，康熙帝近臣、

步军统领隆科多宣布康熙帝遗诏，胤禛继承皇位，他就是后来的雍正帝。

有人认为，胤禛精明干练，所以康熙帝希望他能大力改革朝廷积弊；有人认为，康熙帝是因为钟爱胤禛之四子弘历（未来的乾隆帝）而传位于他；还有人说是顾命大臣隆科多和胤禛矫诏篡位。

穿越的微信大剧场

< 聊天信息（277）

| 康熙帝 | 顺治帝 | 皇太极 | 孝庄太后 | 雍正帝 | 乾隆帝 |

| 吴三桂 | 耿精忠 | 尚可喜 | 鳌拜 | 苏克萨哈 | + |

查看更多群成员 >

群聊名称　　　　　　　　　爱新觉罗人 >

群二维码　　　　　　　　　　　　　>

群公告　　　　　　　　　　　　　　>

备注　　　　　　　　　　　　　　　>

查找聊天记录　　　　　　　　　　　>

消息免打扰

退出群聊

| 187 |

爱新觉罗人（277）

鳌拜
> 大清的天下一半是我打下来的。

皇太极
> 这话你再说一遍！

鳌拜
> 大清的天下是皇太极打下来的……

皇太极
> 算你知趣。

皇太极
> 看你怎么对我孙子的？当初就该让你殉葬！

鳌拜

康熙帝
> 自你骄狂的那天起，你的军功就烟消云散了。

鳌拜
> 爱新觉罗的后人，真是令人刮目相看。

鳌拜
> 就是有些不念旧功。

康熙帝
> 还提旧功？！

康熙帝

打住

一句话知识点

　　满族人建立全国性政权，靠的是天时地利人和。在这期间，鳌拜立下汗马功劳，但他骄横跋扈，极大破坏了康熙初期的生态。

吴三桂
你做你的皇帝,我做我的云南王,不好吗?@康熙

康熙帝 
可你不老实,总想串联谋反。

吴三桂
别听某些人的一面之词!

吴三桂
我觉得这样有失公平

康熙帝 
谁来作证?

尚可喜
臣作证!

耿精忠
臣作证！+1

吴三桂
你们两个败类，当初我们喝酒的时候怎么说的？

尚可喜
吴兄，那些都是酒话。

耿精忠
说句良心话，朝廷待我们不薄。

吴三桂
听了你的良心话，我很凉心。

一句话知识点

康熙帝采取坚决打击和各个分化的政策，平定了三藩之乱。

乾隆帝
皇爷爷,您为什么那么多次出巡?

康熙帝
你还小,不太懂。

康熙帝
不亲自去看看社会的真实情况,很容易被人骗,就算是皇帝也一样。

乾隆帝
那不会很累吗?

康熙帝
刚好相反,出门才健康。

康熙帝

长期待室内等于慢性自杀

乾隆帝
孙儿以后也要这样。

康熙帝
真是乖孙子。

康熙帝
不过，出巡可不是旅游啊。

乾隆帝
孙儿谨遵教诲。

一句话知识点

康熙帝非常勤政，一生多次出巡，到各地督查工作。乾隆帝自小得康熙帝宠爱，后来也多次南巡。

越聊越有趣的中国史，下册聊聊治世名臣。